NACER DE NUEVO

DECONSTRUCCIÓN
DEL DIÁLOGO ENTRE
NICODEMO Y JESÚS

UN FILÓSOFO
LLAMADO JESÚS

José A. Alegría-Morales

© 2025 José A. Alegría-Morales
NACER DE NUEVO
jose.alegria.morales@icloud.com
Todos los derechos reservados. Queda prohibida la reproducción total o parcial de esta obra, su incorporación a un sistema informático o su transmisión en cualquier forma o por cualquier medio (electrónico, mecánico, fotocopia, grabación o cualquier otro) sin el permiso previo por escrito del titular de los derechos de autor. El incumplimiento de estos derechos puede constituir un delito penal en virtud de la legislación sobre propiedad intelectual.

El contenido de esta obra es responsabilidad del autor y no refleja necesariamente las opiniones de la publicadora. El autor es responsable del contenido del texto.

Publicado por: José A. Alegría-Morales
ISBN Hard Cover: 9798242296367
Imprint: Independently published

Contenido

PREFACIO 1

INTRODUCCIÓN 3

EXÉGESIS Nicodemo y Jesús 6

    Diálogo Nocturno 6

    Nicodemo 7

    Lugar del Encuentro 8

    Contexto Histórico 9

    Revuelta en el Templo 14

    Artimaña de Nicodemo 16

    Jesús Nació de Nuevo 19

    Nicodemo No Entendió 21

    Nacer del Espíritu 21

    Epifanía en el Desierto 24

    Reino de Dios 26

    Todos 38

    Voluntad del Viento 41

    Síntesis 44

HERMENÉUTICA Ecos de Jesús 46

    Hegemonía Cultural 46

    Paralelismos Filosóficos 50

    Baruch Spinoza (1632-1677) 51

    Immanuel Kant (1724-1804) 53

    Karl Marx (1818-1883) 57

    Friedrich Nietzsche (1844-1900) 67

    Antonio Gramsci (1891-1937) 74

- Martin Heidegger (1889-1976) 78
- Michel Foucault (1926-1984) 83
- Síntesis 87

RETORNO A DIOS 90
- El Concepto 90
- Crítica Socio-Teológica 92
- Praxis 95

UN FILÓSOFO LLAMADO JESÚS 101
- Su Filosofía 101
- Contenido Revolucionario 102
- Distorsión de su Mensaje 104
- Sinopsis 108

POEMA Epifanía en el Desierto 110

PARÁBOLA Una Empresa Trunca 112

EPÍLOGO 115

REFERENCIAS 117

DEDICATORIA

Esta obra está dedicada a aquellos afortunados que, en un destello de lucidez, realizaron el prodigio de «Nacer de Nuevo». Personas valientes que, al vislumbrar un nuevo horizonte, tuvieron el coraje de transformar su existencia, alineando sus pasos con la luz de la cosmovisión recién intuida, tejida en el misterio de su nueva vida.

RECONOCIMIENTOS

Extiendo el más profundo agradecimiento a Sophy Rivera Lanzot por honrarme con la oportunidad de compartir una reflexión en el Círculo de Oración de la Iglesia Presbiteriana en Hato Rey, San Juan, Puerto Rico. En dicha ocasión, presenté un análisis detallado del diálogo entre Nicodemo y Jesús, tal y como se recoge en el capítulo 3 del Evangelio de Juan. Este análisis se basó en enfoques exegéticos y hermenéuticos para ofrecer una interpretación exhaustiva del texto. La experiencia descrita, caracterizada por su notable enriquecimiento, constituyó la principal fuente de inspiración para la redacción de esta obra literaria.

Deseo expresar mi más sincero agradecimiento a mi esposa, Olga J. Rivera-Pacheco, por su meticulosa lectura crítica y sus recomendaciones, que resultaron invaluable para esta exposición literaria.

Deseo expresar mi más sincero agradecimiento a los desarrolladores de la inteligencia artificial DeepSeek® y Gemini®, por su invaluable colaboración. El primero me ayudó a establecer la secuencia lógica de los párrafos, mientras que el segundo contribuyó con sugerencias constructivas que enriquecieron el contenido de esta obra.

PREFACIO
«El que no nace de nuevo no puede ver el Reino de Dios.»

Esta enigmática y contundente afirmación motivó el desarrollo de esta investigación. Dicha afirmación aparece en el diálogo nocturno entre Nicodemo y Jesús de Nazaret, que se encuentra exclusivamente en el capítulo 3, versículos del 1 al 21, del Evangelio de Juan. Este pasaje destaca por su profundo contenido filosófico, lo que lo convierte en uno de los diálogos más significativos de los evangelios.

La expresión «Nacer de Nuevo» encierra una profunda verdad espiritual que, a lo largo de las generaciones, ha intrigado, inspirado y desafiado tanto a creyentes como a estudiosos. A pesar de su aparente simplicidad simbólica, surgen interrogantes fundamentales que exigen una reflexión profunda y sistemática.

El objetivo de esta investigación consiste en desentrañar la significación del concepto «Nacer de Nuevo». Para ello, hemos realizado un análisis riguroso de las diversas interpretaciones y significados que se le atribuyen, examinando si debe entenderse como un símbolo metafórico, un ritual eclesiástico específico, una transformación puramente personal o, incluso, un «renacer espiritual» de carácter trascendental.

Paralelamente, se analiza la relación entre la expresión «Nacer de Nuevo» y el concepto del «Reino de Dios». Este concepto ha sido objeto de numerosas interpretaciones y debates a lo largo de la historia. El objetivo de este estudio es examinar si este «reino» constituye una realidad escatológica futura, un lugar celestial, una manifestación divina en el mundo o un estado de conciencia colectiva. En este contexto, se plantea la cuestión de si es esencial experimentar una profunda transformación espiritual para alcanzar una comprensión integral y profunda de la naturaleza compleja y sorprendente del «Reino de Dios».

A lo largo de este análisis, hemos procurado evitar la especulación dogmática. En cambio, hemos abordado este tema con honestidad intelectual y rigor metodológico, desde una perspectiva reveladora que busca distinguir el núcleo filosófico de las construcciones teológicas y los mitos religiosos posteriores. En este estudio, los lectores encontrarán un análisis exhaustivo y bien documentado de un pasaje clave del Evangelio de Juan, que expone los elementos fundamentales de la compleja filosofía social de Jesús de Nazaret.

Los hallazgos del estudio proporcionan una perspectiva esclarecedora sobre el impacto de la transformación espiritual en el logro del óptimo potencial humano. Se invita a los lectores a realizar un análisis riguroso que promete ampliar su comprensión de estos fundamentos filosóficos y espirituales.

> *Jesús ha dicho: «Quien busca no deje de buscar hasta que encuentre, y cuando encuentre se turbará. Cuando haya sido turbado se maravillará y reinará sobre la totalidad y hallará satisfacción plena en su vida.» (Como se cita en el segundo proverbio del Evangelio según Tomás).*

José A. Alegría-Morales
jose.alegria.morales@icloud.com

INTRODUCCIÓN

En el Evangelio de Juan, capítulo 3, encontramos uno de los diálogos más enigmáticos y profundos de la tradición cristiana: el encuentro nocturno entre Jesús de Nazaret y Nicodemo, un líder fariseo. Históricamente, este pasaje se ha interpretado casi exclusivamente desde una perspectiva teológica, centrándose en conceptos de salvación y fe individual. Sin embargo, este libro propone una reinterpretación radicalmente diferente. Al despojar el texto de sus velos dogmáticos, podemos revelar una filosofía consistente y revolucionaria que no solo desafió el orden social de su época, sino que también tiene una sorprendente resonancia con los fundamentos del pensamiento moderno y contemporáneo.

Para desentrañar esta filosofía oculta, nuestra investigación se desarrollará en dos etapas interconectadas: la exégesis del texto original y su posterior hermenéutica filosófica. En este proceso, exploraremos cómo la figura de Jesús puede entenderse no solo como un mesías judío, sino también como un pensador cuyas ideas sobre la autonomía personal, la libertad y la justicia social se anticiparon a los gigantes de la filosofía occidental.

El segmento inicial de este análisis constituye una **exégesis filosófica** del diálogo entre Jesús y Nicodemo. Nuestro objetivo es ir más allá de la interpretación literal y contextualizar las palabras de Jesús para identificar los principios fundamentales de su gran filosofía social. Analizando cuidadosamente cada frase y metáfora, revelaremos los elementos filosóficos que, a nuestro entender, constituyen un llamado a la transformación individual y social:

- ❖ **El concepto de «Nacer de Nuevo»:** Una transformación profunda del ser.

- ❖ **La alegoría de la «voluntad del viento»:** El concepto se presenta como una metáfora de una fuerza invisible e incontrolable que impulsa al «renacido» a alcanzar la libertad y la asertividad del viento.

- ❖ **El símbolo de la «oscuridad en la noche»:** Un contraste entre la vida auténtica de la luz y la existencia inauténtica de la sombra, donde se gestan la hipocresía y la injusticia.

- ❖ **La metáfora del «Reino de Dios»:** Un modelo de orden social que busca manifestar la justicia y la plenitud de la vida en la Tierra.

- ❖ **El «Retorno a Dios»:** Concepto que presenta la muerte como un retorno al origen de nuestra existencia, así como el proceso de nuestra relación con Dios antes del nacimiento, durante la infancia y la adultez, y en el momento de la muerte.

El propósito de esta etapa es establecer el andamiaje filosófico del pensamiento de Jesús, proporcionando un sólido marco de referencia para el análisis posterior.

Tras identificar el núcleo filosófico del diálogo, la segunda etapa se centrará en la **hermenéutica comparada**. Esta sección del libro establece un diálogo crítico entre las ideas de Jesús y las de ciertos filósofos modernos y contemporáneos que han moldeado nuestra comprensión de la existencia del ser y la sociedad.

Mediante un riguroso ejercicio de paralelismo, demostraremos cómo los conceptos de Jesús tienen sus equivalentes en el pensamiento de los siguientes autores:

- **Baruch Spinoza**: El impulso vital de su «conatus» y la búsqueda de la libertad de la «esclavitud de las pasiones».

- **Immanuel Kant**: La ley moral universal de su «imperativo categórico».

- **Karl Marx**: La fuerza impulsora del cambio social en su «materialismo histórico» y la visión de un «comunismo» aparentemente utópico.

- **Friedrich Nietzsche**: La autonomía y la superación personal del «Übermensch» (término que se traduce generalmente como «superhombre») frente a la «moral de rebaño».

- **Antonio Gramsci**: La lucha contra la «hegemonía cultural» y el papel de los «intelectuales orgánicos».

- **Martin Heidegger**: La superación del «Dasein» (ser humano) como «Das Man» («ser inauténtico») a través de la conciencia de la «finitud» (muerte inexorable).

- **Michel Foucault**: El «cuidado de sí» como herramienta de resistencia contra las estructuras sociales de poder que, al imponer sus normas, producen «cuerpos dóciles».

Al finalizar este estimulante viaje, los lectores comprenderán que la filosofía de Jesús no es una reliquia del pasado. Al contrario, sigue siendo una voz poderosa que aún resuena con fuerza en los problemas más urgentes de nuestro tiempo, como la autenticidad, la libertad, la justicia y la naturaleza de la verdadera transformación humana y social.

¡Les damos una cálida bienvenida a nuestros estimados lectores!

EXÉGESIS
NICODEMO Y JESÚS

Diálogo Nocturno

El concepto «**Nacer de Nuevo**» se origina en el Evangelio de Juan (capítulo 3), en el transcurso de un significativo encuentro nocturno entre Nicodemo, un líder religioso judío de tendencia conservadora, y Jesús de Nazaret, un líder judío con tendencias revolucionarias.

> *Juan 3:1-8*: *Había un fariseo llamado Nicodemo, un hombre importante entre los judíos. Este hombre se acercó a Jesús **de noche**.*
>
> **Nicodemo le dijo a Jesús**, *« Rabí, sabemos que Dios te ha enviado para enseñarnos, porque nadie podría hacer estos milagros si Dios no estuviera con él.»*
>
> **Jesús le respondió a Nicodemo**, *«De cierto te aseguro que el que no nace de nuevo, no puede ver el Reino de Dios.»*
>
> **Nicodemo le preguntó a Jesús**: *«¿Y cómo puede uno nacer cuando ya es viejo? ¿Acaso podrá entrar por segunda vez en el vientre de su madre, para volver a nacer?»*
>
> **Jesús le replicó a Nicodemo**, *«Te aseguro que el que no nace del Espíritu, no puede entrar en el Reino de Dios. Todo lo que nace de la carne, carne es; todo lo que nace del Espíritu, espíritu es.»*
>
> **Jesús añadió**: *«No te sorprendas si te digo que todos deben nacer de nuevo.»*
>
> **Jesús concluyó su diálogo con Nicodemo sentenciando**, *«El viento sopla por donde quiere. Oyes su ruido, pero no sabes de dónde viene ni adónde va. Así es todo aquel que nace del Espíritu.»*

Nicodemo

Nicodemo fue una figura destacada. Si bien el Evangelio de Juan lo identifica como fariseo, los datos históricos sobre su estatus sociopolítico sugieren que pertenecía al grupo saduceo. Era considerado "principal entre los judíos" y ocupaba un puesto destacado en el Sanedrín, la máxima autoridad religiosa y política del judaísmo del siglo I.

> ***Sanedrín:*** *Era el Consejo Supremo (o sea, el Tribunal Supremo) que interpretaba y aplicaba la Ley judía según la Torá. Este grupo, compuesto por setenta y un miembros, incluyendo al Sumo Sacerdote y figuras prominentes de Judea, ejercía una importante autoridad religiosa y política, llegando incluso a obtener el reconocimiento de Roma. Durante la época de Jesús, este reconocimiento reflejó su importante impacto en las esferas política y religiosa de la vida judía.*

Dado su papel como miembro del Sanedrín, es razonable concluir que Nicodemo era una figura prominente en la élite política de Judea. Esta posición le habría exigido ser un firme defensor del orden religioso establecido por la Ley de la Torá y un guardián del statu quo político. Su influencia, riqueza y privilegios estaban estrechamente ligados a la gestión eficaz del Templo y al delicado equilibrio de poder dentro del sistema romano.

Un desorden social o las revueltas contra Roma ponían en peligro no solo la autoridad de su clase sociopolítica, sino también la supervivencia misma del Templo y sus instituciones, incluido el Sanedrín. Al cooperar con las autoridades imperiales, mantuvo cierto grado de autonomía y evitó una represión más severa, que podría haber resultado en la pérdida de sus privilegios y la supresión de las prácticas judías. Nicodemo encarnaba las características de un líder conservador, demostrando su compromiso de contener cualquier amenaza revolucionaria y salvaguardar el orden establecido.

En consecuencia, no se esperaba que Nicodemo considerara «nacer de nuevo», y mucho menos que ofreciera y demostrara un amplio apoyo a Jesús de Nazaret. Hacerlo implicaría renunciar a sus amplios privilegios sociales, lo cual sería una gran pérdida para él.

Lugar del Encuentro

El Evangelio de Juan (capítulo 3) relata el diálogo entre Nicodemo y Jesús sin especificar su ubicación exacta en Judea, mencionando únicamente que Nicodemo se acercó a Jesús "**de noche**". No obstante, el contexto histórico permite inferir el escenario más probable.

Los miembros del Sanedrín, incluido Nicodemo, residían principalmente en Jerusalén, ya que esta era la sede de esta institución: la **Sala de las Piedras Talladas** (*Lishkat Ha-Gazit* en hebreo), ubicado dentro del complejo del Templo. Este espacio servía como centro neurálgico del poder judío, donde el Sanedrín interpretaba la '*Halajá*' (Ley judía), resolvía casos judiciales y ejercía su autoridad civil y religiosa.

Según el relato de Juan 2, el encuentro ocurrió poco después de que Jesús expulsara a los mercaderes del Templo. Este hecho sugiere que la conversación tuvo lugar en Jerusalén o sus inmediaciones. Aunque el texto no lo menciona explícitamente, la residencia habitual de Nicodemo y la centralidad del Templo en la ciudad —donde incluso figuras como Caifás o Anás celebraban reuniones del Sanedrín en sus propias casas— respaldan esta conclusión.

Jerusalén era sin duda el escenario más peligroso para que Jesús de Nazaret hablara del «Reino de Dios», especialmente con respecto a personas como Nicodemo. El momento de la intervención, realizada durante la noche, se planeó meticulosamente para aprovechar la oscuridad como una ventaja estratégica. Este enfoque pretendía ocultar discretamente tanto las acciones como las intenciones del agente del Sanedrín.

La ciudad de Jerusalén tenía una gran importancia religiosa, siendo el centro espiritual del judaísmo y sede del Sanedrín, una entidad que ejercía gran influencia en la comunidad judía. Las enseñanzas de Jesús sobre el «Reino de Dios» en Judea fueron vistas como una amenaza por las autoridades religiosas y la interpretación establecida de la Ley. En Jerusalén, esta predicación se convirtió en un acto subversivo y peligroso. Además, su reciente revuelta en el Templo había intensificado las tensiones, creando una atmósfera de creciente hostilidad hacia su figura.

El agente encubierto utiliza la oscuridad de la noche como camuflaje.

Contexto Histórico

Nicodemo y Jesús vivieron en una época de constantes guerras por la conquista de territorios y el saqueo de sus recursos. Judea se encontraba en un estado de inestabilidad constante, donde el gobierno romano siempre estaba atento a cualquier signo de rebelión que pudiera desafiar su dominio militar.

En este contexto, el Sanedrín, como autoridad judía, tenía dos funciones: garantizar el cumplimiento de la Torá (Ley Mosaica) y prevenir conspiraciones contra Roma. La amenaza de los zelotes, grupos insurgentes que atacaban tanto a soldados romanos como a judíos colaboracionistas, exacerbaba el clima de violencia y desconfianza.

El hecho de que Nicodemo buscara a Jesús de noche, justo después de que Jesús expulsara a los mercaderes del Templo por la fuerza, revela múltiples significados. Por un lado, refleja su deseo de un diálogo profundo y reservado. Por otro, demuestra la cautela necesaria ante la creciente fricción entre el movimiento de Jesús y las autoridades religiosas establecidas.

Así pues, este encuentro fue mucho más que una simple conversación amistosa. Fue la intersección de dos visiones distintas en el turbulento contexto de la Judea romana durante la Era Mesiánica. Eran dos personas que pertenecían a clases sociales distintas y antagónicas.

Nicodemo, un judío ortodoxo adinerado y miembro prominente del Sanedrín, encarnaba el establishment político-religioso. Su poder político dependía de una constante negociación servil con el poder imperial romano. Su riqueza y estatus eran prueba de su pragmatismo. Sirvió a los intereses de los saduceos en Jerusalén mientras cultivaba lealtades con Roma, el verdadero poder tras el trono.

Jesús de Nazaret fue un rabino itinerante que viajó por toda Judea predicando un mensaje revolucionario que denunciaba las injusticias socioeconómicas de su tiempo, desafiando las estructuras de poder religioso y político. En un contexto histórico marcado por gobernantes deseosos de expandir sus dominios para explotar los recursos ajenos, propuso una alternativa radical: la construcción de una sociedad basada en la justicia social. Su visión incluía un liderazgo ejercido por personas humildes, dedicadas a servir a los más desfavorecidos en un marco de paz, amor y colaboración mutua, incluso con naciones extranjeras.

El contexto geográfico ampliaba la tensión entre las posiciones sociales de Nicodemos y Jesús de Nazaret. La provincia romana de Judea abarcaba territorios clave (Judea, Samaria, Perea y Galilea), cada uno con sus particularidades étnicas y religiosas. Es evidente que, en este mosaico de culturas, el mensaje de Jesús desde Galilea adquirió un carácter particularmente disruptivo para el orden establecido en Jerusalén.

Era una época, donde la vida espiritual judía en tiempos de Jesús se articulaba en torno a dos pilares fundamentales.

1. **La Ley Escrita (Torá)**: Se centra en las enseñanzas oficiales impartidas por los sacerdotes en el Segundo Templo de Jerusalén y en las sinagogas. Este corpus, compuesto por el Pentateuco (Ley Mosaica), se consolidó durante el exilio babilónico y constituye el fundamento doctrinal inquebrantable del judaísmo.

2. **La Tradición Oral**: Fue sostenida por maestros itinerantes y rabinos independientes que interpretaron y adaptaron la Ley Mosaica a los nuevos contextos sociales. Estas enseñanzas, compartidas en espacios públicos y plazas, ofrecieron una aplicación más dinámica de los preceptos religiosos a la realidad cotidiana.

Los fariseos fueron los principales exponentes de esta tradición oral. Transformaron las calles y plazas en aulas abiertas. Sus debates e interpretaciones orales giraron en torno a la aplicación de la Torá, desde el ritual hasta todos los aspectos de la vida social. Siguieron el ejemplo de los escribas del cautiverio babilónico. Buscaban preservar la identidad judía. Lo hicieron a costa de un separatismo estricto (apartheid). Este separatismo se centraba en la pureza ritual y étnica. Esta tradición no era un conjunto estático y silencioso de textos; era un cuerpo de enseñanzas, debates y jurisprudencia que se transmitía de generación en generación a través de maestros (rabinos) y sus discípulos.

La Judea del siglo I era un hervidero político y teológico donde coexistían facciones sociales conflictivas como los saduceos, fariseos, zelotes y esenios. En este entorno, la autoridad de un maestro dependía no solo de su erudición, sino también de la percepción pública de que reflejaba las características del tan esperado Mesías.

> **Mesías o Cristo:** En hebreo, se translitera como Mashiach. En griego, se translitera como Christos. Esta figura fue creada por sacerdotes judíos durante el cautiverio babilónico. Representa al futuro líder ideal que traerá paz, justicia, restauración y redención al pueblo judío. Este líder los guiaría hacia la liberación política y, eventualmente, hacia la dominación del resto de la humanidad.

Además de la predicación itinerante de los fariseos, existía la de los esenios. Es evidente que, a pesar de compartir el ámbito de la enseñanza y la predicación pública, los mensajes de ambas sectas eran radicalmente diferentes. Los esenios promovían una reevaluación de la cultura religiosa dominante, enfatizando la urgente necesidad de cambio. Esto los convertía en figuras revolucionarias y, por lo tanto, en candidatos ideales para ser considerados el Mesías. La secta de los esenios incluía a Juan el Bautista y a Jesús de Nazaret.

Juan el Bautista proclamó un mensaje de arrepentimiento radical, vinculando el bautismo con el perdón de los pecados y anunciando la inminencia del «Reino de Dios». Su ascetismo y tono profético lo sitúan firmemente en el linaje de los profetas que surgieron tras el cautiverio babilónico. La cosmovisión de Juan no era solo un conjunto de creencias religiosas; era una filosofía de vida basada en la honestidad personal y la integridad social.

Jesús de Nazaret, en cambio, enseñaba con una autoridad que sorprendía a sus oyentes: «Como quien tiene autoridad, y no como los escribas y fariseos» (Mateo 7:29). No solo interpretaba la Torá, sino que a menudo la trascendía o la profundizaba, diciendo cosas como «Oísteis que fue dicho... pero yo os digo...» (Mateo 5:21-48). Esto generó tanto admiración como rechazo, ya que cuestionaba algunas de las interpretaciones y énfasis de la tradición oral.

El período de Jesús estuvo marcado por un intenso debate intelectual que abarcaba teología, ética y política. Las interpretaciones de la Ley Mosaica y la tradición oral generaron intensas controversias, mientras que bajo el dominio romano, la cuestión política permaneció latente, alimentando la esperanza mesiánica de liberación. En este contexto, surgieron voces disruptivas que cuestionaron el judaísmo posbabilónico establecido.

En este contexto, el diálogo entre Nicodemo y Jesús fue más que un intercambio teológico; simbolizó el choque entre dos cosmovisiones. Por un lado, estaba la estructura religiosa establecida que negoció sus privilegios ante el poder romano. Por otro, existía un llamado contundente a un «renacimiento espiritual». Esta nueva visión reformuló con audacia las relaciones humanas basándose en principios divinos, rechazando rotundamente toda forma de opresión e injusticia social.

Revuelta en el Templo

Antes de encontrarse con Nicodemo, Jesús fue al Templo de Jerusalén, sede del Sanedrín.

> *Juan 2:13-16*: *Como ya se acercaba la fiesta de la Pascua de los judíos, Jesús fue a Jerusalén.*
>
> *En el templo, vio a los vendedores de novillos, ovejas y palomas, y a los que estaban sentados en los puestos donde se le cambiaba el dinero a la gente.*
>
> *Hizo un látigo con cuerdas y expulsó a todos del templo con sus ovejas y sus novillos.*
>
> *También derramó las monedas de los cambistas y volcó sus mesas.*
>
> *A los que vendían palomas, les ordenó: «¡Saquen esto de aquí! ¡No conviertan la casa de mi Padre en un mercado!»*

Desde la perspectiva de los miembros del Sanedrín, las acciones de Jesús de Nazaret en el Templo debieron considerarse un desafío flagrante a su autoridad y al orden establecido. Debieron considerarlo un acto deliberado de subversión y rebelión.

El Sanedrín estaba compuesto por un selecto grupo de sacerdotes principales, escribas y ancianos, incluyendo a Nicodemo. Este cuerpo judicial administraba y supervisaba las actividades del Templo. Los comerciantes y cambistas eran una presencia aceptada y regulada, ya que sus actividades facilitaban el culto. Proporcionaban animales para los sacrificios e intercambiaban monedas extranjeras por las aceptadas en el Templo. Jesús desafió con valentía la autoridad de quienes las permitían y se beneficiaban de ellas, interrumpiendo y desorganizando estas operaciones.

El Templo era, sin lugar a dudas, un lugar de inmenso significado religioso para la comunidad judía, especialmente durante la celebración de la Pascua. Es evidente que las acciones de Jesús, al volcar mesas y expulsar a la gente, habrían generado un caos considerable y una interrupción significativa de las actividades religiosas. Esta acción fue, sin duda, una falta de respeto hacia un lugar sagrado y una amenaza al orden social.

Jesús claramente estaba asumiendo una autoridad que solo poseían los miembros del Sanedrín. Estos individuos se consideraban los guardianes de la Ley y del Templo. La interferencia de Jesús, particularmente mediante la fuerza, constituyó una intrusión en sus prerrogativas.

Durante la ocupación romana, cualquier acto de agitación o levantamiento popular se consideraba una sedición. Las acciones de Jesús en el Templo constituían una clara amenaza para la estabilidad y las relaciones del Sanedrín con las autoridades romanas, y pudieron haber provocado una revuelta. Más allá de la evidente violación de las normas establecidas, las acciones de Jesús eran una crítica velada a la comercialización del culto y la corrupción que se había infiltrado en el Templo, convirtiéndolo en un lugar profano. Esta crítica habría sido percibida como altamente ofensiva por quienes se beneficiaban del sistema.

En síntesis, los miembros del Sanedrín sin duda interpretaron las acciones de Jesús como un grave acto de insubordinación, una alteración del orden establecido, una blasfemia contra el Templo al profanar su "normalidad", y una posible amenaza para su autoridad y la estabilidad política y religiosa de Jerusalén y Judea. Las acciones de Jesús en el Templo eran una clara protesta, un rito de purificación y un acto revolucionario. Esta acción, combinada con el creciente apoyo de la comunidad judía, fue el catalizador de la decisión del Sanedrín de buscar una manera de arrestar a Jesús y llevarlo a juicio penal.

El disturbio en el Templo: protesta, purificación y revolución en un solo acto.

Artimaña de Nicodemo

El Evangelio de Juan afirma claramente que, tras el disturbio del Templo, Jesús de Nazaret recibió la visita de Nicodemo, miembro del Sanedrín, durante la noche. Es crucial comprender que, a pesar de compartir su origen judío, Nicodemo y Jesús representaban posturas sociopolíticas diametralmente opuestas. Es evidente que la visita de Nicodemo tras el disturbio del Templo no fue casual. Es evidente que Nicodemo estaba investigando al hombre que afirmaba tener el poder de perturbar las actividades del Templo durante la celebración de la Pascua judía.

Nicodemo inició su diálogo con Jesús con diplomacia, seguro de que esto despertaría su receptividad y revelaría su identidad mesiánica. El diálogo comenzó reconociéndolo como un «sabio rabino, venido de Dios», lo que, a primera vista, denotaba respeto y profunda admiración.

> *Nicodemo le expresó a Jesús, «Rabino, sabemos que Dios te ha enviado a enseñarnos, pues nadie podría realizar los milagros que tú haces, si Dios no estuviera con él.»*

Es importante destacar que un miembro prominente de la comunidad judía, miembro del Sanedrín, se dirigió a Jesús, le otorgó el título de «Rabí» y afirmó que Dios lo había enviado «enseñarnos». Este Jesús, quien recientemente había causado disturbios al alterar el orden en el Templo de Jerusalén, ahora era reconocido por un miembro del Sanedrín como el mensajero de Dios para impartir enseñanzas a toda la sociedad judía. Nicodemo sabía que las enseñanzas de Jesús no estaban destinadas solamente a un grupo selecto. Estaban dirigidas a todos los habitantes de Judea. Esto incluía a las clases más desfavorecidas y marginadas. También incluía a las más altas esferas, incluyendo a miembros de la élite judía como él.

Nicodemo no se limitó únicamente a elogiar la sabiduría de Jesús, sino que también reconoció otras cualidades destacadas en él. Dejó claro que sus milagros eran una demostración del poder divino otorgado por Dios. En el contexto actual, Jesús realizó hazañas que desafiaban las convenciones, como curar enfermedades donde los profesionales médicos habían fallado, superando todas las expectativas. En consecuencia, a lo largo de la historia, se ha considerado que la sabiduría suprema del universo, interpretada como una entidad divina, otorgaba apoyo divino a Jesús.

Nicodemo reconoció en Jesús una excepcionalidad que trascendía lo meramente humano, percibiendo en él una distinción y superioridad en conocimiento y autoridad. Sin embargo, como miembro del Sanedrín y de la élite gobernante, le preocupaba el impacto político de las enseñanzas y acciones de Jesús de Nazaret.

Por lo tanto, las declaraciones de Nicodemo, como representante de la élite judía, perseguían un doble propósito. Por un lado, expresaban su admiración por alguien que se destacaba entre los demás rabinos y escribas que viajaban por Judea enseñando sobre la Ley Mosaica y cuestiones políticas y sociales. Por otro lado, buscaba que las respuestas de Jesús revelaran la verdad sobre su identidad mesiánica, es decir, sus intenciones en el ámbito político.

Si le concedemos a Nicodemo el beneficio de la duda, es evidente que, a pesar de su admiración por Jesús, optó por lo seguro, temiendo perder su estatus privilegiado bajo el dominio saduceo y romano. Por lo tanto, su apoyo a Jesús se expresó con palabras y gestos discretos, exclusivamente durante ese único encuentro nocturno, cuidadosamente aislado de las miradas indiscretas del público.

Sin embargo, un análisis más exhaustivo de su comportamiento nos lleva sin duda a una interpretación más crítica. Claramente, Nicodemo intentó manipular a Jesús esa noche, dada su posición prominente como miembro destacado del Sanedrín, la Corte Suprema de Justicia. Su objetivo era claro: ganarse la confianza de Jesús para cumplir la misión que le encomendó el Sanedrín tras la revuelta del Templo. Aunque Nicodemo no discernió las intenciones políticas de Jesús, es evidente que decidió advertir al Sanedrín sobre la amenaza que Jesús representaba para sus privilegios frente a Roma tras las enigmáticas respuestas de

Jesús. Tras su conversación con Jesús, Nicodemo debió decirle al Sanedrín: «Jesús es un hombre brillante, pero causará graves desórdenes sociales y pondrá en peligro nuestros privilegios». Esta advertencia condujo al arresto, juicio y condena de Jesús bajo la ley romana.

Ten cuidado con el adulador;
su halago es un arma
para dominarte,
no para honrarte.

Jesús Nació de Nuevo

Ante la artimaña de Nicodemo, Jesús evadió hábilmente el propósito del argumento, lo que llevó a un cambio radical de tema. Jesús responde con seguridad a la pregunta de Nicodemo sobre sus habilidades sobrenaturales mediante una alegoría.

> *Jesús le contestó a Nicodemo:* «De cierto te aseguro, el que no nace de nuevo, no puede ver el Reino de Dios.»

En su respuesta a Nicodemo, se hace evidente que Jesús se refería a sí mismo, ya que sus palabras surgían como réplica a las observaciones que Nicodemo había hecho sobre él. De lo que dijo Jesús se desprende claramente que su autoridad, sabiduría y capacidad para realizar milagros provenían de haber «nacido de nuevo». Este «renacimiento espiritual» le otorgó la libertad y la sabiduría necesarias para percibir y comprender el «Reino de Dios» en toda su magnitud y amplitud. En resumen, la verdadera libertad y la verdadera sabiduría (es decir, el Logos) emanan de lo más profundo de nuestro propio ser cuando logramos y mantenemos una profunda conexión con Dios.

Jesús dejó claro con esta declaración que experimentó un «renacimiento espiritual» en algún momento de su vida. Esto significa que antes de su «renacimiento espiritual», era simplemente un hombre más, sujeto a las costumbres y tradiciones de su sociedad. Esta transformación espiritual fue necesaria para trascender los paradigmas de su tiempo, desarrollar una perspectiva crítica de su entorno y alcanzar una profunda comprensión de la verdad. En otras palabras, se trata de haber tenido una conexión directa con el Logos.

> *Logos: Este término proviene directamente de la filosofía griega. Se refiere a una inteligencia divina que impregna el universo y conduce al conocimiento de la verdad absoluta. El Logos se manifiesta en los seres humanos en la forma de intuición, generalmente como resultado de la meditación, la argumentación, el discurso o la enseñanza.*

Tras alcanzar la comunión divina con el Logos, Jesús tomó una decisión que definiría el resto de su vida: luchar con todas sus fuerzas, mente y alma por la restauración y expansión universal del «Reino de Dios». Para cumplir esta misión vital, es crucial combatir las estructuras sociales de poder. Estas estructuras son la causa principal de los problemas sociales del mundo, ya que mantienen a la ciudadanía en la ignorancia (en pecado) y la alejan del Logos. En este contexto, las estructuras sociales de poder son similares al diablo.

> *Precisamente*
> *para esto he venido al mundo:*
> *para deshacer*
> *lo hecho por el diablo.*
> 1 Juan 3:8

Nicodemo No Entendió

Nicodemo, además de mostrarse sorprendido por la respuesta de Jesús, no logró comprender de inmediato el significado de la metáfora de «Nacer de Nuevo» según le fue presentado inicialmente.

> **Nicodemo le preguntó a Jesús**: «¿Y cómo puede uno nacer cuando ya es viejo? ¿Acaso podrá entrar por segunda vez en el vientre de su madre, para volver a nacer?»

Su pregunta es un claro ejemplo de una interpretación literal de las palabras de Jesús, lo que demuestra una incomprensión fundamental del significado espiritual de la expresión. Como maestro de la Ley Escrita, estaba acostumbrado a interpretaciones literales y a un sistema de reglas y tradiciones. El concepto de un «nuevo nacimiento espiritual», que implica una radical transformación espiritual interna, representaba un concepto radicalmente diferente de su experiencia vital.

La cosmovisión de Nicodemo no presentaba la necesidad de cambios, ya que su privilegiada posición socioeconómica le aseguraba que el conocimiento adquirido a lo largo de su vida representaba no solo su realidad, sino también la óptima posible. Dada esta percepción positiva de sí mismo, su pregunta denotaba claramente confusión e incapacidad para concebir un renacimiento que no fuera físico.

Nacer del Espíritu

Jesús le explicó a Nicodemo que «nacer de nuevo» significaba experimentar un «renacimiento espiritual». Esto es esencial

EXÉGESIS: Nicodemo y Jesús — NACER DE NUEVO

para ver, comprender y acceder al «Reino de Dios». Lo que se origina en la especie humana es inherentemente humano; lo que emana del espíritu es espiritual.

> ***Jesús replica Nicodemo***: *«Te aseguro que el que no nace del espíritu, no puede entrar en el Reino de Dios. Lo que nace de padres humanos, es humano; lo que nace del espíritu, es espíritu.*

La expresión «nacer de nuevo» se refiere a **una transformación radical del ser**, una metanoia o cambio de mentalidad y espíritu. Este paso representa más que una simple mejora o adaptación; es una reconfiguración de la percepción y la comprensión, tanto a nivel individual como social.

> ***Metanoia***, Transliterado al griego como metanoien, se refiere a un cambio de mentalidad profundo y transformador, una conversión o un cambio de perspectiva. Implica una revisión de creencias, actitudes y formas de entender el mundo, que conduce a una renovación espiritual, emocional e intelectual. Es un proceso de reflexión interna que da lugar a una nueva forma de pensar y actuar.

Quienes experimentan un «renacimiento espiritual» se convierten, en esencia, en sus propios padres y tutores. Asumen el control absoluto de su existencia, pensamientos y acciones, desarrollando una perspectiva crítica y reflexiva sobre sí mismos y el mundo que los rodea. Este «renacimiento» no es una transformación instantánea; es un proceso íntimo y progresivo de evolución interior.

Sin embargo, esta metamorfosis inevitablemente enfrenta desafíos, especialmente en sociedades que se resisten a cualquier desviación del orden establecido. En Judea, durante la época de Jesús, las autoridades impusieron una rígida uniformidad política y cultural y exigieron sumisión incondicional al orden religioso. Cualquier disidencia se consideraba sedición.

¿Cuál fue el momento y las circunstancias en las que Jesús experimentó la transformación espiritual que él denominó «nacer de nuevo»? Nacido y criado en Nazaret, Galilea, se distinguió como un hábil contratista en la industria de la construcción después de su adolescencia. Se especializó en el manejo de materiales como madera y piedra, oficio que le inculcó su padre adoptivo, José.

> Porque ya saben ustedes que nuestro Señor Jesucristo, en su bondad, siendo rico se hizo pobre por causa de ustedes, para que por su pobreza ustedes se hicieran ricos (2 Corintios 8:9 [Subrayado añadido]).

Su distinguida trayectoria profesional lo situó entre las figuras judías adineradas de su tiempo, probablemente asociado al círculo fariseo debido a su estatus socioeconómico. Sin embargo, su aguda inteligencia lo llevó a trascender los dogmas establecidos. Escuchó y analizó no solo las doctrinas fariseicas, sino también la predicación ascética de los esenios, como la de Juan el Bautista.

La influencia de Juan el Bautista, evidente en su llamado al arrepentimiento y en su vida ejemplar, fue crucial en la decisión de Jesús de abrazar un cambio radical. Tras abandonar su próspero negocio, Jesús decidió seguir a su mentor al desierto de Galilea. Este acontecimiento marcó un punto de inflexión significativo en su vida, iniciando un proceso de transformación espiritual que fue un verdadero «renacimiento».

Al «Nacer de Nuevo» liberas tu existencia de la tiranía de la reacción.

Epifanía en el Desierto

Influenciado por las enseñanzas y el estilo de vida de Juan el Bautista, Jesús de Nazaret decidió llevar una vida más austera y radical. Dejó atrás su antigua vida y se aventuró en el desierto de Judea. Esta región es un área árida ubicada al este de Jerusalén, que se extiende hacia el mar Muerto y el valle del río Jordán. En el silencio y la introspección del lugar, encontró la distancia necesaria para examinar su existencia desde una nueva perspectiva.

En este aislamiento, descubrió la profundidad y el alcance del concepto llamado «Reino de Dios», que trascendía las estructuras religiosas y políticas de su tiempo. Jesús tuvo que «nacer de nuevo» para comprenderlo; tuvo que desarrollar una perspectiva completamente nueva. Lo tuvo claro: no se puede ver el «**Reino de Dios**» sin este «renacimiento». Esto se refiere a una **realidad ideológica** que va más allá de los sentidos y el razonamiento convencional. Era evidente que un cambio de percepción era imperativo.

Esta experiencia está relacionada con el «**conocimiento intuitivo**», que se manifiesta cuando se revela una verdad oculta. Esto no se logra mediante el razonamiento ni la acumulación de datos. Se debe, en cambio, a que la mente ajusta su enfoque adecuadamente y puedes ver lo que siempre ha estado ahí. Jesús lo dejó claro: «El Reino de Dios siempre ha estado entre vosotros». Es evidente que la realidad cotidiana que enfrentaban los judíos, anclada como estaba en tradiciones, rituales y privilegios, dificultaba percibir y comprender la posibilidad de una sociedad donde los desfavorecidos fueran bendecidos.

Para los fariseos y saduceos, esta premisa era subversiva. Amenazaba el orden que sustentaba su poder. Solo se puede comprender esto si se ha experimentado un «nuevo nacimiento espiritual». Pero a pesar de su origen privilegiado, Jesús mostró la entereza y el coraje necesarios para atravesar este proceso. Al «renacer», vislumbró claramente la posibilidad de establecer el «Reino de Dios» en Judea, con miras a expandirlo al mundo.

Este «renacimiento» de Jesús no fue producto del azar. Fue el resultado de un proceso riguroso y doloroso en el desierto de Judea, acompañado de la soledad, la meditación y el ayuno. La inmersión constituyó el punto de partida: un examen detallado de su propia vida, recopilando experiencias, ideas y contradicciones. A esto le siguió una sobrecarga de información intuitiva que simplemente no parecía estar conectada.

Luego vino la etapa de incubación, un período en el que Jesús se sintió tentado a regresar a su vida placentera. Durante este período de reflexión y evaluación, el subconsciente reveló gradualmente patrones latentes, como si una semilla comenzara a germinar autónomamente en la oscuridad. Finalmente, se alcanzó un momento de iluminación. Una nueva comprensión emergió repentinamente, como un "¡Eureka!" espiritual. No fue una conclusión lógica, sino una verdad revelada.

Tras este viaje introspectivo, Jesús identificó una sociología fundamentada en la justicia divina y el amor recíproco. Esto era incompatible con el judaísmo institucional y las injusticias inherentes a los sistemas de poder imperantes en la época. En consecuencia, adoptó una perspectiva optimizada del «Reino de Dios» que había estado predicando el Bautista. Este proceso de despertar, caracterizado por una ruptura y reconstrucción del ser, fue llamado por Jesús «Nacer de Nuevo». Esta transformación no fue meramente superficial; implicó la adquisición de una nueva perspectiva, que permitió percibir elementos que anteriormente habían pasado desapercibidos.

En el contexto de la epifanía en el desierto, Jesús percibió claramente que el elemento más importante en las relaciones sociales es la plena comprensión del amor divino, entendido como ágape. Este se interpreta como un banquete teológico y filosófico que abarca la totalidad de la creación y la existencia. De dicha compresión emergió el fundamento ético de su filosofía social, caracterizado por una entrega desinteresada, incondicional y altruista hacia los demás, y resumida en dos imperativos éticos universales: «Ama a Dios sobre todas las cosas y a tu prójimo como a ti mismo».

Nacer de Nuevo:
Frase reducida
a un ritual vacío,
despojándola de su
esencia revolucionaria.

Reino de Dios

La revuelta de Judas el Galileo (también conocido como Judas de Gamala) ocurrió aproximadamente entre los años 10 y 13 después del nacimiento de Jesús. Este acontecimiento, sin duda, marcó el clima político y la animosidad hacia Roma en Judea (Wikipedia: Judas el Galileo).

El concepto de «Reino de Dios» (*Basileia tou Theou* en griego) fue inherentemente revolucionario en el siglo I. En el contexto del Imperio Romano, el concepto de "reino" era exclusivo del propio imperio, y el Emperador era el único "rey". Proclamar un «Reino de Dios» y otro "rey" se consideraba sedición (*lesa majestad*). Al gobierno romano le preocupaba que tal movimiento pudiera provocar levantamientos populares similares a la revuelta de Judas el Galileo.

> *Debemos aclarar que los términos «Reino de Dios" y "Reino de los Cielos" se usan indistintamente. El Evangelio según Mateo usa la expresión «Reino de los Cielos», mientras que los Evangelios según Lucas, Marcos y Juan usan «Reino de Dios». Según la explicación más aceptada, el Evangelio de Mateo está destinado a los judíos, que optan por evitar el uso directo del nombre de Dios (Wikipedia, «Reino de Dios»).*

Para evitar serios conflictos con el Imperio Romano y los miembros del Sanedrín, Jesús recurrió al uso de metáforas, alegorías y parábolas para transmitir su mensaje revolucionario. Sin embargo, la predicación sobre el significado de la metáfora del «Reino de Dios» no admitía encubrimiento, ya que al asociarlo con los mensajes del Sermón del Monte, se entendía como una propuesta de un orden social fundamentalmente distinto al mantenido por el Imperio Romano y por el gobierno provincial de los Saduceos.

Al abogar por un «Reino de Dios» (o «Imperio de Dios») de forma enigmática y no violenta, Jesús buscó diferenciarse de los líderes revolucionarios armados (como Judas el Galileo), cuyo destino inevitable era la crucifixión y la aniquilación de sus seguidores. El uso de parábolas resultó ser una estrategia fundamental para evitar un desenlace similar. El fracaso y la violenta represión de la revuelta de Judas el Galileo probablemente influyeron en la estrategia de Jesús.

La parábola funcionó como una cortina de humo y, al mismo tiempo, como un sofisticado método de enseñanza. El significado radical de la parábola quedó oculto para quienes buscaban una interpretación puramente literal, política o militar. El público en general y los espías de las autoridades percibieron el mensaje como una simple anécdota campestre. Esto le permitió a Jesús dirigirse a grandes multitudes sin temor a ser arrestado inmediatamente por sedición.

> *Jesús les contestó a los apóstoles*: «A vosotros, se les ha concedido conocer los secretos del Reino de los Cielos; pero a ellos no. Por eso les hablo por medio de parábolas; porque ellos miran, pero no ven; escuchan, pero no oyen ni entienden». (Mateo 13:11,13)

Como se indica en Mateo 13:11, la parábola revela su "misterio" —el significado más profundo del Reino— solo a quienes están comprometidos y buscan activamente una comprensión más profunda: sus discípulos, tanto hombres como mujeres. En concreto, Jesús empleó parábolas para asegurarse de que su mensaje revolucionario fuera comprendido plenamente por sus seguidores más cercanos y, de este modo, protegerse a sí mismo y a su movimiento de la represión violenta del Imperio Romano.

Sin embargo, engañar al Sanedrín fue una tarea más difícil. Para el Sanedrín (especialmente para los saduceos, que colaboraban con Roma), el mensaje de Jesús representaba una amenaza para el statu quo. Su mensaje fue revolucionario, no porque promoviera una revuelta violenta —algo que siempre rechazó—, sino porque se refería a una justicia distinta a la ley mosaica, tal y como la interpretaban los escribas. También se refería a un acceso a Dios que no dependía del Templo ni de la jerarquía sacerdotal. Esta alternativa habría subvertido las estructuras de poder y opresión de la élite religiosa.

Una exégesis filosófica de las parábolas centrales de Jesús revela una visión coherente del «Reino de Dios», no como un concepto puramente espiritual o exclusivo del "más allá", sino como una realidad histórica, sociopolítica y transformadora.

❖ **La semilla de mostaza** (Mt 13:31-32; Mc 4:30-32; Lc 13:18-19):
Esta metáfora ilustra la génesis evolutiva del Reino. Comienza siendo pequeño y aparentemente insignificante, pero acaba expandiéndose hasta dar cobijo universal. Este relato establece un "comienzo y desarrollo en el tiempo". Esta progresión orgánica es propia de los procesos biológicos y sociales de la Tierra. Sin embargo, un estado celestial eterno e inmutable no conocería el crecimiento ni la expansión, pues ya sería perfecto y absoluto desde su origen.

❖ **La levadura** (Mt 13:33; Lc 13:20-21):
Enfatiza la metamorfosis interna de la realidad. El poder transformador del Reino —activado por la consciencia y la praxis humana— permea la estructura social desde dentro. El proceso gastronómico en el que una masa fermenta y aumenta su volumen, implica un proceso químico y temporal. Este proceso es un dinamismo inherente a la historia humana. Sin embargo, lo celestial, por definición inalterable, no admite la transformación ni el cambio que la levadura representa.

- ❖ **El sembrador** (Mt 13:3-23; Mc 4:3-20; Lc 8:5-15):
  Aquí, el Reino se define como el resultado de una "causalidad ética y material". La cosecha no es un regalo metafísico, sino el fruto del esfuerzo del sembrador (quien ejecuta la Gran Comisión) al depositar el mensaje de justicia social en terreno fértil (individuos que comprenden el mensaje y accionan). Este ciclo de siembra y cosecha sitúa al Reino en el plano de la responsabilidad humana y el compromiso social, lejos de una herencia pasiva en el "más allá".

- ❖ **De la semilla que crece** (Mc 4:26-29):
  Subraya la "autonomía de los históricos procesos sociales". Tras la intervención inicial del ser humano, la propia realidad social (la tierra) posee una fuerza intrínseca que genera de manera autónoma los resultados sociales (el fruto). Este pasaje valida la historicidad del «Reino de Dios», ya que este se gesta a través de la dialéctica del desarrollo social. Un reino puramente celestial carecería de la autonomía y de las etapas de maduración necesarias para la cosecha. Un reino celestial sería estático y eterno.

- ❖ **La higuera estéril** (Lc 13:6-9):
  Propone la "dialéctica de la transformación social radical", un concepto que se define por la interacción entre dos fuerzas opuestas: el deseo de cambio social y el statu quo. La higuera que no da frutos representa las estructuras sociales de poder que, a pesar de haber recibido el mensaje, fracasan a la hora de producir justicia para todos. La advertencia de la necesidad de «cortarla» es una alusión a la revolución de las estructuras obsoletas. En un orden celestial, la "justicia

para todos" sería un atributo intrínseco debido a su perfección eterna, no un resultado sujeto a evaluación, crisis o reemplazo.

❖ **El tesoro escondido** (Mt 13:44):
Revela que el Reino es un valor inmanente descubierto en la cotidianeidad (el campo). «Vender todo» para adquirirlo simboliza la ruptura definitiva con la ideología del sistema actual, individualista y opresora. Simboliza el «nacer de nuevo» que Jesús le presentó a Nicodemo. Esta adquisición no es una renuncia a cambio de una recompensa póstuma, sino un compromiso total con un proyecto colectivo de justicia, fraternidad y dignidad aquí y ahora.

Una exégesis integral de estas parábolas y del Sermón del Monte lleva a concluir que el «Reino de Dios» no es un reino celestial, sino un "proyecto sociopolítico terrenal". En lugar de ser un gobierno basado en la dominación, como la monarquía, la oligarquía o la teocracia, es un glorioso orden social fundado en la colaboración global, potenciado por la tecnología avanzada y sostenido por el amor a Dios por encima de todas las cosas y el amor ágape al prójimo. Por lo tanto, aunque sea terrenal, «no es de este mundo» porque no se rige por los principios históricos de poder y opresión de los sistemas humanos.

El mensaje de Jesús mantiene, así, una "reserva crítica permanente" contra cualquier sistema que genere pobreza espiritual o material. En este sentido, la oración del **Padre Nuestro** actúa como una herramienta litúrgica que "politiza la fe" en su sentido más noble: orientándola hacia el cuidado de la comunidad (polis) y la construcción de una sociedad justa.

Desde la perspectiva terrenal que hemos presentado y de acuerdo con un análisis filosófico del mensaje de Jesús de Nazaret en su conjunto, la interpretación del **Padre Nuestro** trasciende el ámbito de lo puramente privado y celestial para adentrarse en uno comunitario y transformador. Según este enfoque, la oración no es una súplica para "ascender al Cielo", sino de un compromiso activo para que "el Cielo descienda a la Tierra".

❖ **Padre nuestro que estás en el Cielo** (Mt 6:9):
Al proclamar «Padre nuestro», se trasciende la relación individual con Dios. Si Dios es Padre de todos, la consecuencia lógica es la fraternidad universal. Y si todos somos hijos del Padre, nadie puede erigirse como "señor" sobre otro. Esta afirmación de igualdad cuestiona directamente las jerarquías opresivas y el autoritarismo.

❖ **Santificado sea tu Nombre, venga a nosotros tu Reino** (Mt 6:9-10):
Santificar el nombre de Dios no se limita a una alabanza ritual; implica actuar conforme a su voluntad. Por tanto, el nombre de Dios se profana cuando se tolera la miseria y la injusticia. En este contexto, el «Reino de Dios» no es un lugar ultraterreno, sino un proyecto de sociedad regido por las «Bienaventuranzas». Según la Parábola del Sembrador, pedir que «venga» significa trabajar para que las estructuras sociales reflejen el amor y la justicia divinos aquí, allá, ahora y siempre.

❖ **Hágase tu voluntad en la Tierra como en el Cielo** (Mt 6:9-10):
Esta petición constituye el fundamento sociopolítico de

la teología de Jesús de Nazaret. El «Cielo» simboliza la plenitud de la justicia y el bienestar, mientras que la «Tierra» representa la realidad moldeada por las estructuras sociales de poder. La oración busca cerrar la brecha entre el ideal divino y la realidad de explotación.

❖ **Danos hoy nuestro pan de cada día** (Mt 6:11):
Jesús no nos enseñó a pedir a Dios por "mi pan", sino por «nuestro pan». Esta expresión refleja una visión sociopolítica que afirma que, para que el pan sea verdaderamente «nuestro», es necesaria una distribución justa de los recursos. En una sociedad basada en la justicia y el bienestar —el Cielo en la Tierra—, el pan se produce para satisfacer las necesidades de todos, y su ausencia constituye un pecado estructural. La mención de «cada día» subraya la provisión diaria, garantizando así el derecho humano a una alimentación sana, suficiente y permanente.

❖ **Perdona nuestras deudas, como también hemos perdonado a nuestros deudores** (Mt 6:12):
En el texto griego original de Mateo 6:12, la palabra utilizada es *opheilēmata*, que se traduce literalmente como "deudas". Por tanto, en una realidad social justa y equitativa (el Cielo en la Tierra), «nuestras deudas» alude a los sistemas financieros diseñados por las estructuras de poder para apropiarse "legalmente" de la riqueza colectiva y perpetuar la dependencia. El perdón representa una liberación de las cargas que nos impiden llevar una vida digna bajo tales estructuras.

❖ **No nos dejes caer en la tentación** (Mt 6:13):
Esta petición no se limita a las tentaciones morales

personales. También abarca el atractivo del dinero y nuestra ventajosa tendencia a ignorar la injusticia social en lugar de luchar para erradicarla.

En conjunto, el **Padre Nuestro** se erige como un manifiesto de resistencia y una guía para la acción cristiana en contextos de exclusión. La oración contiene una denuncia implícita contra las estructuras injustas y una afirmación de la dignidad de los pobres ante Dios. Ofrece directrices específicas para la acción (praxis) de los cristianos que viven o acompañan a comunidades excluidas, y les guía en su lucha por la justicia, el sustento diario, el perdón por las conductas antisociales y la liberación de las tentaciones causadas por su situación económica.

La oración del **Padre Nuestro** está intrínsecamente vinculada a la filosofía social de Jesús y a la misión encomendada a sus discípulos: la Gran Comisión). En resumen, el **Padre Nuestro** no es solo una oración piadosa, sino un "programa de liberación" para ser vivido en situaciones donde hay pobres, excluidos y oprimidos. (Boff, 1982; Gutiérrez, 1971; Gutiérrez, 1983).

El nuevo orden social propuesto por Jesús se fundamenta en la indiscutible soberanía de Dios; no se basa en ideologías humana ni en la lucha armada. Su ética radical, que incluye la práctica del amor al enemigo, la abnegación y la no violencia, solo puede lograrse mediante una profunda conexión espiritual con Dios. Si bien la transformación interna (arrepentimiento y fe) es necesaria, no constituye un fin en sí misma; más bien, representa el requisito mínimo para vivir la ética radical del «Reino». Una profunda transformación espiritual, como la descrita en las enseñanzas de Jesús, es fundamental para lograr cambios positivos en las esferas social y económica de la Justicia.

De la totalidad de las enseñanzas de Jesús, se desprende que el «Reino de Dios» es un reino sin un rey. En los Reinos «de este mundo», el Rey utiliza su suprema jerarquía para ser servido por los demás. Sin embargo, en el «Reino» de Jesús los individuos de mayor jerarquía utilizan sus capacidades para servir a los demás, no para ser servidos por ellos. Jesús no se percibió a sí mismo como un "rey" del «Reino de Dios» porque expresó «ni aún el Hijo del Hombre vino para que le sirvan, sino para servir» (Marcos 10:45).

Este enfoque contrasta marcadamente con el Imperio Romano «de este mundo», donde el emperador Augusto se autoproclamó «Hijo de Dios» o «Hijo de la Divinidad» para fundamentar su autoridad real como líder designado por Dios. Es importante señalar que es erróneo llamar a Jesús "rey", ya que este concepto no se asocia con la humildad ni con un servidor de la humanidad. De hecho, ni siquiera Dios debe ser considerado "rey", y mucho menos «rey de reyes». Esto se debe a que Dios está muy por encima del concepto de "rey". La verdadera naturaleza de Dios trasciende cualquier título o estructura de poder concebida por los seres humanos. Su **poder ilimitado, absoluto y trascendente** no está limitado por el tiempo, el espacio ni las leyes físicas que rigen el mundo terrenal.

Al definir el «Reino de Dios» en toda su amplitud, es preciso señalar que su manifestación abarca todas las esferas de la realidad, tanto visibles como invisibles, a través de cinco dimensiones fundamentales: sustancial, natural, material, personal y social. En su **dimensión sustancial**, el Reino representa la soberanía divina en un estado de eterna perfección.

En su **dimensión natural**, el «Reino de Dios» abarca la totalidad de la realidad, tanto manifiesta como oculta, que se manifiesta en el universo en forma de energía-materia. Esta realidad incluye todas las fuerzas, conocidas y por conocer, regidas por leyes universales e inteligibles inherentes a ella. Dichas leyes mantienen a la materia perseverando en su ser y avanzando hacia estados de mayor plenitud y perfección.

En su **dimensión material**, el «Reino de Dios» se constituye como la congregación de quienes han logrado «nacer de nuevo», quienes orientan su vida en comunidad según el principio divino de interdependencia universal. Del mismo modo que la sociedad se constituye como un grupo de individuos, el «Reino de Dios» se define como una congregación de personas «renacidas». Quienes experimentan este renacimiento se convierten en las "moléculas" de dicho Reino, componentes esenciales que contribuyen a su crecimiento y manifestación inteligible.

En su **dimensión personal**, el «Reino de Dios» representa la realización del máximo potencial humano. Este potencial consiste en la capacidad de pensamiento abstracto y crítico, que utilizamos para crear realidades espirituales y materiales de gran valor social. Experimentada como una sólida autoconciencia, esta capacidad no depende de fuentes externas y se sustenta en un proceso constante de refinamiento.

En su **dimensión social**, el «Reino de Dios» es una estructura autónoma de relaciones humanas en la que converge la sabiduría colectiva, orientada a mantener la cohesión y a avanzar hacia estadios superiores de realización. En este contexto, la existencia de un Estado coercitivo resulta innecesaria, ya que se trata de un contexto social en el que no hay dominación de unos sobre otros, sino cooperación mutua.

Esta dimensión social encuentra respaldo bíblico en Marcos 4:13-14 y 20 mediante la exégesis filosófica de la Parábola del Sembrador. En este pasaje, Jesús relaciona el «Reino de Dios» con elementos concretos y visibles: el maestro que transmite el mensaje del Reino a quienes han logrado «nacer de nuevo». En la parábola, el Reino está simbolizado por las semillas; el maestro, por el sembrador; y los que han logrado «nacer de nuevo», por la tierra fértil donde las semillas germinan y dan una cosecha abundante. Esta cosecha representa precisamente el «Reino de Dios» entendido como la comunidad de quienes han logrado «nacer de nuevo» y cumplen cabalmente con la Gran Comisión.

> *La doctrina del Reino de Dios, que constituyó la enseñanza principal de Jesús, es indudablemente una de las doctrinas más revolucionarias que jamás hayan conmovido y cambiado el pensamiento humano. No es de extrañar que el mundo de aquella época no lograra captar su pleno significado. (Wells, 1920, pp. 355-356 [Traducción propia]).*

> *Una sociedad matizada por «renacidos», no es una sociedad en desorden, pero el orden no es producido por la dominación.*

Todos

Jesús sostuvo que el «renacimiento espiritual» es una necesidad universal. Para recuperar la pureza de la infancia y lograr el «Retorno a Dios», es necesario liberarse de las ataduras culturales, las creencias y las normas no escritas impuestas por las estructuras sociales de poder. Para ello, cada individuo debe emprender el meticuloso y exigente proceso de «nacer de nuevo». Este «renacimiento» fomenta el pensamiento crítico y el conocimiento intuitivo, permitiendo el descubrimiento de la verdad universal y la consecución de la auténtica libertad, que emana de la autoconciencia.

> ***Jesús añadió***: *«No te sorprendas si te digo que <u>todos</u> deben nacer de nuevo.»* [Subrayado añadido]

Al dirigirse a Nicodemo con estas palabras, Jesús lo instó no solo a aceptar la idea de que todos deben «nacer de nuevo», sino también a reconocer una verdad trascendental: incluso él —y, por extensión, todo el Sanedrín— necesitaban este «renacimiento espiritual». Con esta advertencia, Jesús estableció un principio irrevocable: nadie, ni siquiera las autoridades religiosas más eruditas, podía entrar en el «Reino de Dios» sin experimentar dicha transformación. Por lo tanto, el «nuevo nacimiento» no era una alternativa, sino un requisito ineludible.

Jesús confiaba en que un miembro del Sanedrín, alguien con un profundo conocimiento de las Escrituras y la tradición judía, reconociera fácilmente el concepto de transformación espiritual ya presente en los textos sagrados de su pueblo (Ezequiel 36:25-27). Por lo tanto, la ironía en la reacción de Jesús al exclamar «No te sorprendas si te digo», reveló su asombro ante la incomprensión de un maestro de la ley judía ante una verdad espiritual fundamental contenida en la Torá.

> [**Yahveh le habla a su pueblo**]: *Los lavaré con agua pura, los limpiaré de todas sus impurezas, los purificaré del contacto con sus ídolos [financieros]; pondré en ustedes un corazón nuevo y un espíritu nuevo. Quitaré de ustedes ese corazón duro como la piedra y les pondré un corazón dócil. Pondré en ustedes mi espíritu, y haré que cumplan mis leyes y decretos* (Ezequiel 36:25-27 [Anotaciones añadidas]).

Paradójicamente, fueron precisamente Nicodemo y sus colegas, como arquitectos del sistema religioso imperante, quienes contribuyeron a crear las estructuras que hicieron indispensable este «renacimiento». Por consiguiente, en ese momento crucial de la vida de Jesús, su respuesta se distinguió por una notable ironía.

En este pasaje, Jesús llevó a cabo una deconstrucción de las estructuras sociales de poder que prevalecían en el siglo I. En las esferas política y social, tanto de Judea como de Roma, los sistemas de dominación se caracterizaban por la implementación de mecanismos altamente elaborados de control ideológico y conductual. Estos mecanismos estaban diseñados para impedir la comprensión de una alternativa social basada en la justicia social y la libertad consciente, representada por el «Reino de Dios». Según Jesús, esta "alienación colectiva" afectó por igual a rabinos, gobernantes y gente común: nadie tenía la capacidad de reconocer el «Reino», y menos de contribuir a su desarrollo.

Por lo tanto, el concepto de «Nacer de Nuevo» se presentó como un avance liberador y revolucionario, que implicaba un «renacimiento espiritual» que trascendía los paradigmas impuestos por los saduceos y romanos. Este «renacimiento» proporciona la autoconciencia necesaria para percibir la realidad de forma holística, definida como la capacidad de ver el todo y sus partes interconectadas sin centrarse en un solo aspecto. Esta perspectiva se caracteriza por su enfoque integral.

Dicho esto, conviene hacer una aclaración. Cuando Jesús le dice a Nicodemo que «todos deben nacer de nuevo», el pronombre indefinido de "todos" se refiere específicamente a los adultos ya formados por la sociedad. Por lo tanto, si consideramos sus enseñanzas en su conjunto, debemos concluir que los niños están excluidos en este contexto porque su inocencia innata los mantiene en el «Reino de Dios» hasta que la socialización los despoja de ese estatus privilegiado. Por lo tanto, la necesidad de un «renacimiento espiritual» se aplica únicamente a los adultos cuyo pensamiento y comportamiento ya han sido moldeados por las estructuras sociales de poder.

Como está escrito en Marcos 10:14-15: «El Reino de Dios se caracteriza por la pureza e inocencia de los niños. Les aseguro que el que no acepta el Reino de Dios como un niño, no entrará en él.»

Las enseñanzas y la conducta ejemplar de Jesús nos invitan a convertirnos en filósofos y maestros de nuestra propia vida. Esto significa vivir creativamente en constante comunión con Dios.

> *Amplía constantemente tu vocabulario para entender mejor el mundo a tu alrededor.*

Voluntad del Viento

Para concluir su diálogo con Nicodemo, Jesús usó una poderosa metáfora para destacar el efecto fundamental del «renacimiento espiritual».

> *Según se cita en Juan 3:8,* **Jesús concluyó su diálogo con Nicodemo sentenciando:** *«El viento sopla donde quiere. Oyes su sonido, pero no sabes de dónde viene ni adónde va. Así es todo aquel que nace del Espíritu».*

Expresó que quienes experimentan esta «transformación espiritual» poseen una naturaleza que se distingue por la autonomía y voluntad del viento. Aquí, "voluntad" se entiende como una asertividad valiente. Quienes «nacen del Espíritu» trascienden las rígidas estructuras sociales, así como el viento no está sujeto a fronteras ni controles. Este nuevo nacimiento implica un juicio liberado, capaz de discernir y promover sistemas sociales basados en la dignidad humana y la plenitud existencial. A diferencia de las prácticas convencionales de las estructuras sociales de poder, que a menudo reprimen las ideologías que defienden los derechos humanos, el «espíritu renovado» se distingue por cuestionar las injusticias sociales desde una perspectiva elevada.

«Nacer de la carne» significa aceptar un destino predeterminado, moldeado por los deseos, expectativas y limitaciones de la cultura hegemónica. La vida se limita a la repetición de patrones hegemónicos, sin auténtica autonomía ni cuestionamiento. Por otro lado, «nacer del espíritu» significa asumir un rol protagónico y orientador en la propia existencia. Romper con la determinación externa es esencial para vivir con la **voluntad y autonomía del viento**: la libertad de la autoconciencia sin restricciones externas, con un propósito auténtico y una dirección propia.

En consecuencia, cuando una sociedad se compone de «individuos transformados», da lugar a un nuevo paradigma: el «Reino de Dios». Estas reformas constituyen no solo un cambio, sino una transformación radical que sustituye la dominación por la justicia social y la opresión por la fraternidad.

Mientras que los sistemas tradicionales se basan en jerarquías de poder y privilegios tácitos, el «Reino de Dios» se basa en los siguientes principios:

1. En el ámbito de la justicia social, la equidad es el pilar fundamental que sustenta la igualdad de oportunidades y la protección de los derechos de todas las personas.
2. La autoconciencia se basa en la autenticidad individual y se pone al servicio del prójimo en particular y del bien común.
3. La colaboración mutua se basa en la premisa de que la unidad en la diversidad se plantea sin coerción alguna.

Este modelo no busca simplemente reformar el sistema actual, sino renovarlo por completo. Al experimentar una existencia libre de restricciones, salvo las autoimpuestas, cada individuo contribuye a crear un orden en el que lo personal y lo colectivo armonizan. Esto desafía las estructuras de opresión imperantes al ofrecer una alternativa concreta de plenitud.

Jesús personificó la audacia de «nacer de nuevo en el espíritu». Con determinación y convicción, se arriesgó a pensar y expresarse libremente, desafiando conscientemente las estructuras opresivas que Nicodemo representaba. Jesús le reveló que su «renacimiento espiritual» marcaba el comienzo de un nuevo horizonte: el «Reino de Dios», una realidad que trasciende la injusticia y abre las puertas a un mundo plenamente humano. Mediante la metáfora de la «voluntad del viento», Jesús le transmitió a Nicodemo que ya no estaba sujeto a las restricciones humanas. Usó la siguiente alegoría como referencia: *«El viento sopla donde quiere, y aunque oyes su sonido, no sabes de dónde viene ni a dónde va»*. De esta manera, dejó claro que sus acciones serían tan impredecibles y libres como el propio viento.

Según el Evangelio de Juan (19:38), tras el fallecimiento de Jesús, José de Arimatea, miembro destacado del Sanedrín, solicitó permiso a Pilato para llevarse el cuerpo. Una vez obtenido el permiso, lo trasladó a una tumba. Nicodemo, otro miembro del Sanedrín que ya había visitado a Jesús de noche, se unió a José. Siguiendo la tradición funeraria judía, ambos envolvieron el cuerpo en telas empapadas en ungüentos aromáticos.

En base a esto, es evidente que José de Arimatea y Nicodemo pudieron informar al Sanedrín con certeza de que **Jesús de Nazaret ya no representaba una amenaza para sus privilegios en relación con el poder romano.** Como miembros distinguidos del Sanedrín, ambos participaron en la decisión del cuerpo judicial de arrestar a Jesús de Nazaret y someterlo a la obediencia. Así, con tan solo dos acciones, el "agente en la oscuridad de la noche" cumplió plenamente la misión que le había encomendado el cuerpo judicial.

> *Jesús no te llamó*
> *para que seas salvo,*
> *te llamó para*
> *«Nacer de Nuevo»*
> *y trabajar por el*
> *«Reino de Dios».*

Síntesis

Los conceptos filosóficos fundamentales de Jesús de Nazaret se presentan en su diálogo con Nicodemo, registrado en el capítulo 3 del Evangelio de Juan. Jesús le dijo a Nicodemo: «Quien no nace de nuevo, no puede ver el «Reino de Dios». Nicodemo mostró su confusión al preguntar: «¿Cómo puede una persona volver al vientre de su madre?». Jesús aclaró: «Solo quienes nacen de nuevo por medio del espíritu pueden entrar en el Reino de Dios. Lo que nace de la carne, carne es, y lo que nace del espíritu, espíritu es».

La propuesta de Jesús no corresponde a la reencarnación ni a un ciclo cósmico. No es una fantasía mítica ni una transfiguración celestial. Esta transformación es una posibilidad real y aplicable a la vida de «todos». Es una metamorfosis espiritual interna; una ruptura radical con la forma de existencia anterior.

¿Cómo sucede? Es una acción receptiva. La persona acepta resueltamente la influencia del Logos con la convicción de que le permitirá una transformación personal. Este proceso implica reconocer honestamente los propios pecados (estado de ignorancia), recurrir al poder de la «fe que mueve montañas» y someter la propia voluntad a la voluntad divina. Es la muerte del «viejo yo» para alcanzar una nueva vida con una auténtica cosmovisión. Esta metamorfosis nos permite ver, comprender y asumir nuestra misión fundamental: alcanzar el desarrollo global y definitivo del «Reino de Dios» en esta vida. Esto crea una nueva vida social basada en el amor ágape y una nueva autonomía auténtica, alineada con la verdad divina.

HERMENÉUTICA
Ecos de Jesús

Hegemonía Cultural

Desconectado de su contexto histórico, el diálogo entre Jesús y Nicodemo ofrece una profunda reflexión sobre la realidad contemporánea. Los conceptos de «**Nacer de Nuevo**» y la asertiva libertad espiritual del «renacido», equiparada con la «voluntad del viento», invisible pero transformador y poderoso, plantean interrogantes de gran relevancia. La correlación entre el concepto del «**Reino de Dios**» y la exigencia universal de «renacer» (la del «todos» de Jesús) requiere una cuidadosa reflexión. En primer lugar, se destaca la importancia de abordar la cuestión planteada sobre la validez de la aplicación del llamado de Jesús. Asimismo, se enfatiza la necesidad de reflexionar críticamente sobre la posibilidad de que teorías filosóficas seculares puedan establecer una analogía con estas ideas.

> *Hermenéutica: Disciplina que se centra en ampliar la exégesis o interpretación de textos religiosos, filosóficos y literarios. El objetivo es desentrañar su relevancia y significado más profundo en las circunstancias actuales. Al abordar esta disciplina, es imperativo plantearse preguntas como: ¿Qué mensaje transmite este texto en el contexto actual? ¿Cómo se puede aplicar su significado original a la situación contemporánea?*

Al afirmar que uno debe «**Nacer de Nuevo**», Jesús se refería no solo a una transformación individual, sino también a la liberación colectiva. En el contexto de su época, «todos» debían «nacer de nuevo» para afrontar con sabiduría la doble opresión de la élite religiosa, principalmente los saduceos, y el sistema político-militar del Imperio Romano, que imponía su dominio mediante la fuerza y la manipulación cultural. En este sentido, la expresión «**ver el Reino de Dios**» significaba aceptar una alternativa social regida no por estructuras opresivas, sino por los principios armoniosos y libres inherentes a la naturaleza, como los del viento. De forma similar a cómo el viento actúa como fuerza autónoma, una comunidad que ha experimentado una transformación espiritual podría prescindir de imposiciones externas porque sus miembros actuarían guiados por una conciencia libre y renovada.

En la sociedad contemporánea, la libertad de conciencia se alcanza superando los procesos de socialización experimentados desde la infancia hasta la edad adulta. Este proceso de socialización se ve influenciado por diversas instituciones, tales como el entorno familiar, el sistema educativo y los medios de comunicación. Sin embargo, el papel de la familia en este proceso suele idealizarse. Los padres no actúan como agentes independientes, sino como producto de un sistema educativo diseñado por las clases dominantes. En consecuencia, los patrones culturales se transmiten a la siguiente generación, perpetuando una cadena de dominación cultural.

En la mayoría de los países, los Ministerios de Educación son responsables de definir los currículos, las competencias y los objetivos de aprendizaje. Quienes ocupan puestos de liderazgo en estas instituciones no suelen ser seleccionados por su capacidad intelectual demostrada, sino por su afinidad ideológica con los grupos de poder. El resultado es un sistema que reproduce valores y narrativas al servicio de la hegemonía establecida.

La implementación de la educación social mediante la enseñanza de asignaturas como las ciencias sociales, que abarcan disciplinas como la política, la economía y la historia, es un componente esencial del proceso de formación ciudadana. A través de estas disciplinas, se transmiten lecciones relacionadas con los derechos, la identidad nacional y los valores democráticos desde una perspectiva que legitima el orden establecido. Si bien la literatura estimula el pensamiento crítico, se limita a marcos predefinidos que inhiben el cuestionamiento radical.

Los docentes a veces ejercen su libertad académica, pero operan dentro de límites poco claros. Si cuestionan la narrativa dominante, se enfrentan a una maquinaria de propaganda capaz de neutralizar cualquier disidencia. En este sentido, incluso las mentes más brillantes acaban siendo funcionales al sistema, a menos que experimenten un **«renacimiento» crítico**.

El sector salud es un caso particularmente notable en este sentido. Existe una relación directa entre la industria farmacéutica, los representantes gubernamentales y los directores de instituciones educativas. Esta relación se evidencia en la notable influencia de esta industria en los nombramientos de ministros y directores, así como en el diseño de los currículos académicos de las carreras médicas (Netflix, 2017). El resultado es un modelo simplista que equipara la salud con el consumo de drogas y desestima factores esenciales como los hábitos de vida y la medicina preventiva. Los profesionales de la medicina formados bajo este paradigma se convierten en promotores de fármacos en lugar de agentes de salud holística

En este contexto, las palabras de Jesús cobran especial relevancia, como se aprecia en el siguiente pasaje: «**El que no nace de nuevo no puede ver el Reino de Dios**». Ni los eruditos más ilustres ni los estudiantes más destacados pueden trascender las estructuras de dominación sin experimentar una transformación radical de su conciencia. Esto requiere cuestionar el conocimiento adquirido, realizar investigaciones independientes y discernir qué aspectos de la propia formación merecen ser preservados y cuáles deben descartarse.

Es importante destacar que el cambio genuino no surgirá de reformas superficiales, sino de un despertar espiritual y crítico que libere a las personas de las cadenas invisibles de la cultura dominante. En el contexto actual, es necesaria una profunda reflexión sobre los mecanismos que nos permiten imaginar y construir una sociedad auténticamente libre y colaborativa. Este análisis marca un punto de inflexión en el que debemos considerar la generación de cambios significativos en la estructura social para lograr un nuevo paradigma de libertad que responda a las necesidades y desafíos del siglo XXI.

Las corrientes filosóficas y sociológicas contemporáneas convergen en la idea de que la cultura trasciende su apariencia neutral para revelarse como un sofisticado mecanismo de control social. A diferencia de la coerción directa, que es más evidente, la manipulación sutil modifica subliminalmente las percepciones, los valores y los comportamientos para preservar el statu quo. Este fenómeno se manifiesta en diversos contextos, como la educación, la salud, el arte, el deporte y los medios de propaganda, estableciendo una presencia profundamente arraigada en la sociedad.

Finalmente, nos vemos obligados a señalar que, en el marco del control cultural predominante, surgen o se permiten manifestaciones marginales que, paradójicamente, otorgan al entorno una apariencia de diversidad y autenticidad. No obstante, estas manifestaciones están sometidas a un exhaustivo seguimiento y control. Existen numerosos ejemplos de esta situación, muchos de los cuales han tenido resultados muy lamentables.

Paralelismos Filosóficos

Aunque ningún filósofo contemporáneo utiliza el concepto de «nacer de nuevo» con las mismas implicaciones socioeconómicas que Jesús, muchos autores han desarrollado teorías que abordan ideas afines, como la transformación radical en busca de la autenticidad, la superación del ego y la reorientación de la vida individual y colectiva. Este libro explora las perspectivas de pensadores cuyos conceptos filosóficos se asemejan a los de Jesús de Nazaret.

Baruch Spinoza (1632-1677)

Aunque provenían de contextos diferentes, **Jesús** y **Spinoza** coinciden en que la auténtica transformación personal proviene de un cambio profundo hacia valores superiores. **Jesús** afirma que el acceso al «Reino de Dios» no se logra mediante méritos externos, sino rompiendo con el pasado y centrándose en el amor incondicional, la justicia y la verdad divina. En su obra Ética, **Spinoza** presenta un proceso similar de liberación y transformación. Si bien no utiliza el término «nacer de nuevo», describe un proceso paralelo de cambio espiritual que busca la felicidad a través del conocimiento intelectual de Dios o la naturaleza y el control de las pasiones.

Jesús describe a quienes no han experimentado el «nuevo nacimiento» como espiritualmente ciegos e incapaces de ver el «Reino de Dios» debido a su inmersión en la cultura dominante. Este nuevo nacimiento trae consigo una percepción que trasciende las limitaciones previas. De igual manera, **Spinoza** argumenta que muchas personas viven en un estado de «esclavitud» a sus pasiones, dominadas por causas externas y una comprensión inadecuada de la realidad. Para **Spinoza**, la verdadera libertad se alcanza al pasar de un estado pasivo a uno activo, donde las acciones están guiadas por la razón y el «conocimiento adecuado», comprendiendo así las causas fundamentales de los acontecimientos que las afectan.

La conexión entre conocimiento y libertad se explora con más profundidad en las doctrinas de ambos pensadores. **Jesús** afirma la importancia de conocer la verdad para experimentar cambios significativos en la comprensión de la realidad divina, espiritual y social y ser libres como el viento. **Spinoza**, por su parte, afirma que el conocimiento intuitivo permite percibir la esencia de las cosas como manifestaciones de Dios, ofreciendo una comprensión inmediata de todo lo que emana de los atributos eternos e infinitos de Dios.

Jesús describe el «Reino de Dios» como un estado de gozo, paz y vida plena, fruto de un espíritu transformado en armonía con Dios. **Spinoza** lo relaciona con la alegría derivada del incremento de nuestra potencia de obrar, conocida como «conatus». Este término se refiere a una fuerza universal inmanente que mantiene a la materia-energía persistiendo en su ser hacia estados de mayor perfección. En los seres pensantes, esto se manifiesta como una necesidad inherente de adquirir conocimientos para la supervivencia y la vida plena.

A lo largo de sus enseñanzas, **Jesús** afirma que el «nuevo nacimiento» proporciona dominio del espíritu y paz interior. De igual manera, **Spinoza** define el dominio del espíritu como el autogobierno guiado por la razón, liberándose de las pasiones que surgen de ideas inadecuadas. Este cambio significa una transición de pasividad a dinamismo, alineándose con lo divino.

Spinoza concluye que el conocimiento intuitivo es el catalizador de la libertad humana definitiva. El conocimiento intuitivo libera a las personas de sus pasiones y ansiedades individuales, llevándolas a un estado de paz interior. Esta conexión espiritual y racional es un testimonio del amor intelectual hacia Dios, que se refleja en el amor propio y el altruismo hacia la humanidad. Este pensamiento filosófico es prácticamente idéntico al mandato supremo de **Jesús**: «Amar a Dios sobre todas las cosas y amar al prójimo como a uno mismo».

En otras palabras, la ética racionalista de **Spinoza** propone fundamentalmente una existencia guiada por la razón y el conocimiento intelectual de Dios. En concordancia con el llamado de **Jesús** a «nacer de nuevo», **Spinoza** afirma que la verdadera libertad se basa en la liberación de las pasiones esclavizantes y la superación del egoísmo para alcanzar la plenitud.

> *Nuestro pensamiento es uno de los atributos que Dios comparte con el ser humano.*
> Baruch Spinoza

Immanuel Kant (1724-1804)

Tanto la filosofía moral de **Kant** como las enseñanzas de **Jesús** enfatizan la importancia de actuar con base en principios universales e intenciones puras. Esto permite superar los impulsos egoístas y utilitaristas en la búsqueda de un bien moral superior.

Tanto **Jesús** como **Kant** coinciden en que una transformación interna es necesaria para alcanzar una vida moral auténtica, libre de influencias externas. **Jesús** enseñó que «nacer de nuevo» implica una transformación intrínseca del ser y la voluntad, promoviendo un amor puro e incondicional a Dios y al prójimo. En este sentido, enfatiza la importancia de un corazón puro y la intención genuina, como se destaca en el «Sermón del Monte», que prioriza la actitud personal sobre la mera conformidad a la Ley Mosaica. En otras palabras, lo que realmente importa no es solo **cumplir las reglas externas** de la antigua Ley Judía (la Ley Mosaica), sino la **motivación interna** y la **actitud** con la que actúas.

No obstante, **Jesús** indicó que su propósito no era abolir la Ley Mosaica, sino cumplirla y elevarla, como se evidencia en el siguiente pasaje de su discurso: «No penséis que he venido a abolir la Ley o los Profetas; no he venido a abolirlos, sino a darles cumplimiento». Su enfoque trasciende la mera obediencia externa y formal, centrándose en la actitud personal, la motivación y la intención genuina del individuo.

El «Sermón del Monte» ofrece una reevaluación integral de los principios morales, desplazando el énfasis de la "acción visible" (cumplimiento de la ley) a la "intención y disposición del corazón" (actitud personal). Es una invitación a una moralidad más profunda y rigurosa, basada en la pureza interior, el amor y la honestidad, más que en la mera obediencia a normas externas (Mateo 5-7).

En consonancia con esto, **Kant** argumentó que la moralidad se fundamenta en la voluntad autónoma y racional, actuando por deber y no por inclinaciones personales. Esta tesis se basa en el concepto ético **kantiano** fundamental denominado «imperativo categórico». El «imperativo categórico» es un mandato moral que regula la conducta humana según principios de aplicación universal, independientemente de las circunstancias o el espacio-tiempo. Estableció que las pautas de acción deben ser universalmente aplicables y estar libres de motivaciones egoístas. En definitiva, se trata de una responsabilidad moral imperativa, independiente de consideraciones personales o externas, basada en un deber intrínseco. Por lo tanto, la pureza de la intención, más que los resultados, determina la validez de una acción.

Para **Jesús**, los mandamientos del «Reino», como amar, servir y perdonar, tienen un carácter universal. Este amor, llamado «ágape», es desinteresado y altruista, y busca el bienestar de los demás sin esperar nada a cambio. De igual manera, el «imperativo categórico» de **Kant** implica un mandato moral universal que trasciende los intereses individuales y exige actuar con respeto a la dignidad racional de todos los involucrados.

Según **Kant**, cada individuo posee un valor intrínseco y absoluto. Utilizar a una persona «solo como un medio» (como una herramienta) constituye una flagrante violación de su dignidad. Los actos inmorales, como dañar a una persona, representan un problema particular y pueden tener implicaciones más amplias y de mayor alcance. Tales actos transgreden un principio moral universal aplicable a todos los seres racionales. Permitir que una persona sufra daño socava los cimientos de la moralidad universal, lo que resulta en un daño universal. Por lo tanto, el daño a un individuo debe considerarse un atentado contra la moralidad universal, no un incidente aislado.

Jesús presenta el «Reino de Dios» como un ideal que redefine las prioridades humanas y sociales, exigiendo una vida guiada por principios divinos que trascienden las leyes humanas. Al mismo tiempo, **Kant** concibe su ética como un sistema autónomo y racional que eleva al ser humano por encima de sus inclinaciones sensibles. Propone un ideal moral universal.

Aunque **Kant** buscó desarrollar una ética basada en la razón, su admiración por la moral cristiana revela sorprendentes similitudes con la ética de **Jesús**. Ambos consideran el egoísmo un elemento importante que debe superarse o trascenderse para alcanzar un bien mayor. Esto implica actuar con «pureza de la intención» (en lugar de por interés propio) y adoptar «principios universales». En definitiva, el «renacido» de **Jesús** como el «ser racional» de **Kant** se esfuerzan por vivir de acuerdo con el llamado a actuar éticamente, guiados por la voluntad y el deber.

Según **Kant**, el individuo racional posee un poder autónomo inherente, porque la razón es la única autoridad moral legítima. El individuo se "legisla" a sí mismo mediante el «imperativo categórico», una ley externa descubierta por la razón interna. La moral no se basa en deseos, tendencias ni resultados, sino en el imperativo racional de actuar de forma que transforma nuestras acciones en leyes universales. Confiando plenamente en su propia razón, el individuo se otorga la ley moral, liberándose de cualquier autoridad externa, ya sea religiosa o social. En este sentido, la libertad moral se define como la capacidad de actuar conforme a una ley que uno ha creado racionalmente.

Para **Jesús**, sin embargo, la voluntad autónoma del «renacido», no emana de la razón humana, sino de una transformación espiritual. Ilustra el efecto del «renacimiento espiritual» comparándolo con la voluntad del viento: «El viento sopla de donde quiere, y oyes su sonido; pero no sabes de dónde viene ni a dónde va. Así es todo aquel que nace del Espíritu». La guía conductual del «renacido» proviene de una **voluntad interior divina.** No se dejan influenciar por las convenciones sociales impuestas, ya que su ética se rige por «el amor a Dios y al prójimo», una directriz universal que supera la necesidad de estructuras de poder externas, ya que es interna. El comportamiento humano no es el resultado de un cálculo racional, sino que se origina en una nueva naturaleza espiritual que se manifiesta a través del amor incondicional o amor ágape.

En ambos enfoques filosóficos, la moral se rige por principios internos, inmunes a las influencias y presiones externas. Sin embargo, es importante señalar que el origen de este principio difiera en ambos contextos. Para **Kant**, la moral se basa en la **razón**; para **Jesús**, es una **transformación espiritual** a través del amor ágape.

> *Relaciónate con los demás*
> *reconociendo a la humanidad,*
> *tanto en tu persona*
> *como en la otra.*
> Immanuel Kant

Karl Marx (1818-1883)

Siglos después de la muerte de **Jesús** en el Monte Gólgota, **Karl Marx** emergió como precursor en la formulación de una interpretación filosófica terrenal del «Reino de Dios». Las instituciones religiosas se han alineado históricamente con la filosofía sociológica de Jesús de Nazaret, pero se refieren a este concepto como estrictamente teológico y relacionado únicamente con la vida después de la muerte. No lo utilizan para referirse a cuestiones sociales y políticas, ni mucho menos materiales.

Debido a esta creencia histórica generalizada, a **Marx** jamás se le habría ocurrido referirse a este concepto como una estructura social basada en la justicia y una vida plena. Sin embargo, su teoría materialista postula que los cambios sociales revolucionarios darán lugar a una estructura social similar a las ideas de **Jesús** sobre la transformación y la justicia social, aunque sin una conexión directa o intencional con la **teología jesuita**. Así, tanto Jesús como Marx concluyeron que el desarrollo histórico de la humanidad culminaría en una sociedad caracterizada por la justicia social y la plena realización del potencial humano. Jesús la llamó el «Reino de Dios» y Marx la llamó «comunismo».

Según **Jesús**, la evolución de la sociedad humana culminará en un modelo socioeconómico fundamentado en la justicia social y una vida en abundancia. Además, reconoció que este proceso siempre ha existido y ha evolucionado desde el principio de los tiempos. «El Reino de Dios no llegará de forma espectacular; ya está presente entre nosotros y dentro de nosotros». Esta transformación social gradual está impulsada por el desarrollo espiritual de las personas que han logrado «nacer de nuevo».

Para ello, **Jesús** encomendó a sus discípulos la «Gran Comisión» para difundir el mensaje social revolucionario a personas de todas las naciones. Esta misión encontrará terreno fértil en las personas que acepten e interioricen su mensaje. Este proceso de difusión crea individuos que experimentan un «renacimiento espiritual», adquiriendo independencia de juicio y la «voluntad del viento». Este renacimiento los inspira a sembrar la «semilla de mostaza» en todas las naciones. El resultado de esta labor será una abundante cosecha, representada por el «Reino de Dios» que se extenderá por todo el mundo. A diferencia de **Karl Marx**, quien basó su teoría del desarrollo económico en el materialismo, **Jesús** la basó en el poder de la fe, o la creencia inquebrantable en la capacidad de alcanzar lo aparentemente inalcanzable mediante el establecimiento del «Reino de Dios» en todo el mundo.

Similarmente, **Marx** postuló que las sociedades humanas evolucionarían hacia un sistema socioeconómico basado en la justicia social y una vida plena y abundante. También reconoció que este proceso siempre ha existido y se ha desarrollado desde los albores de la historia. Identificó la causa de esta transformación humana como el desarrollo material de las «fuerzas productivas».

A diferencia de Jesús, **Marx** creía que la naturaleza «dialéctica» del desarrollo de las «fuerzas productivas», más que las ideas, la voluntad, el espíritu o la fe, constituiría el factor determinante de las transformaciones sociales que conducirían a la humanidad hacia un sistema socioeconómico basado en la justicia social y una vida plena y abundante: el «**comunismo-marxista**».

Sin embargo, **Marx** reconoció la importancia de los elementos ideológicos y espirituales. Determinó que el desarrollo de las «fuerzas de producción» conduce al desarrollo del conocimiento humano, que a su vez conduce al desarrollo ideológico y espiritual de la sociedad. Una vez que las «fuerzas de producción» alcanzan su máximo potencial, el alto nivel de desarrollo espiritual de la sociedad permite la reanudación del desarrollo económico, que se había visto obstaculizado por un «modo de apropiación» que había caído en la obsolescencia.

En este sentido, los elementos ideológicos y espirituales forman parte integral de las «fuerzas de producción» encargadas de la producción de bienes y servicios. Este concepto abarca diversas facetas materiales y espirituales, como el conocimiento científico, el desarrollo tecnológico, la disponibilidad de recursos naturales y el potencial de los recursos humanos.

El concepto que encapsula la **teoría marxista** se conoce como «**materialismo histórico**». Se centra en la primacía de lo económico y lo material sobre lo ideológico y espiritual como motor de la historia. Desarrollada por **Karl Marx** y **Friedrich Engels**, es una teoría que aborda aspectos fundamentales de la sociedad, la historia y el cambio social. En general, el «materialismo histórico» sostiene que las «condiciones materiales» de los individuos y su forma de organizar la producción constituyen los factores principales que determinan la estructura y el desarrollo de una sociedad. El «materialismo histórico» es una herramienta analítica muy eficaz para el estudio de la historia humana.

En el marco de la **teoría marxista**, el «materialismo histórico» sostiene que la «infraestructura» determina la «superestructura» social. En este contexto, la «infraestructura» es el componente puramente material de la teoría; mientras que la «superestructura» representa el elemento ideológico o espiritual.

La «infraestructura» se define como conjunto de elementos físicos que sustentan y facilitan la producción de bienes y servicios, permitiendo así a la sociedad satisfacer sus necesidades y alcanzar sus objetivos de supervivencia. La «superestructura» es el conjunto de instituciones, normas y valores que constituyen la base de la organización social. Estas instituciones abarcan diversos aspectos de la vida colectiva, como la política, el sistema jurídico, la cultura, la educación y la religión, todos ellos enmarcados por la ideología dominante.

Las «relaciones de producción» abarcan las relaciones sociales y de propiedad que se establecen entre los individuos en el proceso de producción. Estas relaciones están determinadas por el «modo de apropiación» de los «medios de producción» (tierra, fábricas, tecnología, etc.) y por la distribución del producto del trabajo.

El «materialismo histórico», establece que el desarrollo económico histórico mantiene una dinámica «**dialéctica**». Por lo tanto, el desarrollo económico no progresa de forma lineal ni gradual, sino a través de contradicciones internas que impulsan a la sociedad a transitar de un sistema a otro. Cada sistema económico (o «modo de producción») contiene las semillas de su propia destrucción. Nuevas fuerzas y tensiones surgen en los sistemas económicos, generando desequilibrios que eventualmente conducen a la disrupción y eventual desaparición del sistema al caer en la obsolescencia.

En filosofía y teología, la «**dialéctica**» se entiende como una fuerza universal que regula la evolución y el desarrollo de toda la realidad, ya sea abstracta o material. Cuando una realidad alcanza su máximo potencial de desarrollo, emergen elementos que entran en conflicto con la realidad original. Este conflicto conduce a la desintegración o "muerte" de la realidad original y propicia el surgimiento de una nueva realidad con un mayor grado de perfección.

Así como las fuerzas fundamentales del universo, clasificadas como nuclear fuerte, nuclear débil, electromagnética y gravitacional, no son directamente perceptibles a través de los sentidos, la fuerza universal conocida como «dialéctica» tampoco puede ser observada directamente.

Según la «teoría dialéctica», las transformaciones sociales históricas surgen espontáneamente cuando las «fuerzas de producción» alcanzan su máximo nivel de desarrollo. Esto provoca que el «modo de apropiación» se vuelva obsoleto y anacrónico, convirtiéndose en un obstáculo para el crecimiento económico y tecnológico. Esta contradicción desestabiliza el orden económico, generando un creciente malestar social y una reacción en cadena de cambios sociales revolucionarios que ponen fin al «modo de apropiación» actual, dando lugar a un nuevo ciclo de crecimiento. Este proceso histórico de desarrollo socioeconómico fue el que dio origen a la revolución que puso fin al «modo de producción feudal» y dio origen al «modo de producción capitalista».

La propaganda histórica ha perpetuado la idea de que el concepto de «materialismo histórico» se basa únicamente en una cosmovisión materialista de la historia humana. Esta percepción implica la negación de la intervención divina en los procesos económicos humanos. En consecuencia, se trata de una teoría fundamentada en el ateísmo.

Si la percepción mencionada fuera correcta, sería pertinente establecer análogamente que la Parábola del Sembrador de **Jesús de Nazaret** también apela al ateísmo. En esta parábola, **Jesús** propone que el «Reino de Dios» no lo establece una entidad divina, sino que se desarrolla únicamente a través de la capacidad y las acciones de los individuos tras experimentar un «renacimiento espiritual». La hipótesis de **Jesús** se centra en la idea de que estos individuos se convierten en parte integral del «Reino de Dios» al escuchar, comprender y aceptar su mensaje. Al hacerlo, desarrollan la capacidad de expandir su influencia en el mundo terrenal.

Los conceptos clave de la **Parábola del Sembrador** son los siguientes: el **sembrador** del mensaje del «Reino de Dios», que representa a **Jesús** o a cualquier que lo proclame; las **semillas**, que representan el mensaje; y los diferentes **tipos de suelos**, que representan a los individuos que reciben el mensaje. El **suelo fértil** representa a los individuos que han logrado «nacer de nuevo», es decir, a quienes han interiorizado y aceptado el mensaje, como se manifiesta en una **fructífera cosecha**. La buena cosecha simboliza la propagación del «Reino de Dios» en todas las naciones.

El único elemento aparentemente teológico o religioso en esta parábola es el concepto de «Reino de Dios», entendido como una metáfora que articula un llamado a la acción orientado a la transformación social, basado en la justicia y en la búsqueda de una vida plena y abundante. Como hemos señalado, en la concepción de **Jesús**, el «Reino de Dios» funciona principalmente como un llamado ético y social a reformar las estructuras de convivencia y promover condiciones de equidad.

Si **Jesús** hubiera pretendido aludir a la intervención divina directa para establecer y expandir el «Reino» en esta parábola, la imagen de la «tierra fértil» sería superflua dada la omnipotencia del Creador. La dependencia de las condiciones humanas y sociales que sugiere el «sembrador» indica la necesidad de una respuesta humana responsable. Por lo tanto, la Parábola del Sembrador no debe interpretarse como una declaración de participación divina automática en el establecimiento del «Reino», sino como un llamado a la acción humana para realizarlo. Tampoco debe interpretarse como una defensa del ateísmo. El énfasis de la parábola es ético y político; la transformación social requiere una acción deliberada guiada por la justicia y la promoción de una vida abundante. De igual manera, no deberíamos considerar el «materialismo económico» ateo simplemente porque excluye el elemento ético de la acción social, sustituyéndolo por acciones necesarias en respuesta a los efectos de la «dialéctica histórica». Por consiguiente, si esta parábola no está basada en ateísmo, entonces, por analogía, tampoco el «materialismo económico».

Si concluimos que el «materialismo histórico» no es una teoría atea, entonces debemos aceptar que es simplemente una poderosa herramienta para el análisis histórico. Este elemento de la **teoría marxista** proporciona un marco teórico de factores materiales y conductuales que permite a los historiadores comprender profunda y sistemáticamente las causas que han configurado las dinámicas sociales a lo largo de la historia de la humanidad.

La **propaganda antimarxista** ha desempeñado un papel importante en la construcción de narrativas históricas que desacreditan las predicciones científicas de la **teoría**

marxista. Este fenómeno ha contribuido a la consolidación de la idea de que el «comunismo» se refiere a cualquier gobierno que socializa los medios de producción y prohíbe la propiedad privada. Los regímenes que han implementado este pseudosocialismo o pseudocomunismo han existido en economías que aún no han alcanzado un nivel avanzado del desarrollo de las «fuerzas de producción», especialmente de la tecnología. El sistema impuesto bajo el nombre de «**marxismo-leninismo**», desarrollado y consolidado por Iósif Stalin en la Unión Soviética durante la década de 1920, no cumple esta condición esencial.

Aunque Lenin implementó las **ideas marxistas** en Rusia en 1917, nunca utilizó el término «**marxismo-leninismo**». Fue Stalin quien sistematizó y formalizó esta síntesis del marxismo clásico y el leninismo en su lucha por consolidar su poder y crear una ortodoxia ideológica. Pruebas de esta integración se encuentran en obras como "Los fundamentos del leninismo" (Stalin, 1924) y "Cuestiones del leninismo" (Stalin, 1926). Este sistema se impuso de forma totalitaria y se convirtió en la ideología oficial de la Unión Soviética y de numerosos partidos comunistas a nivel mundial. Sin embargo, no cumplía la indispensable condición de un desarrollo avanzado de las «fuerzas de producción».

Marx habría llamado «socialistas utópicos» a los actores políticos que intentaron imponer el **marxismo-leninismo**, de forma similar a su caracterización de los empresarios ingleses que pretendían establecer empresas socialistas sin el necesario desarrollo de las «fuerzas de producción». **Marx** argumentó que estas intenciones prosociales estaban condenadas al fracaso.

Si bien algunos países cuentan con sistemas de salud y educación socializados eficaces, el nivel de desarrollo de las «fuerzas de producción» necesarias para la implementación exitosa de un sistema socialista integral aún no se ha alcanzado a nivel mundial. No obstante, es importante reconocer que la humanidad está logrando avances significativos en el desarrollo tecnológico material. Este progreso, a su vez, eleva el nivel cognitivo y espiritual de la humanidad. Esto conducirá a la disolución del capitalismo y al establecimiento de un auténtico sistema socialista global. Una vez alcanzada esta estructura económica, la humanidad estará preparada para implementar el «comunismo marxista» o el ideal jesuita del «Imperio de Dios» en la Tierra. En esta culminación del desarrollo humano, convergerán los conceptos del «Reino de Dios» y el «comunismo marxista».

En síntesis, el «Reino de Dios» o el «comunismo marxista» surgirá tras la aceleración del desarrollo tecnológico por el «socialismo». Estas estructuras sociales se caracterizan por la ausencia de clases sociales, la eliminación del Estado y la falta de propiedad privada de los llamados «medios de producción». La socialización de estos medios es un pilar fundamental en la lucha contra la explotación laboral y la injusta concentración de la riqueza. Promueve la satisfacción de las necesidades de toda la comunidad mediante la actividad productiva. El trabajo dejará de ser alienante, fomentando la creatividad y la libertad humana. Los avances tecnológicos automatizarían la mayoría de los servicios, que serían administrados por una mano de obra altamente cualificada.

En ambas estructuras sociales, la producción se organizaría en torno a la satisfacción de necesidades, siguiendo el principio «De cada cual según sus capacidades, a cada cual según sus necesidades» (Marx, 1875). Este principio sienta las bases para la interacción social basada en la cooperación, en contraposición a la competencia. En este sistema, las personas con mayores capacidades prestarían servicios a quienes tuvieran necesidades más apremiantes.

La religión ya no será utilizada por las clases dominantes para controlar la sociedad, atribuyendo un significado divino al sufrimiento de las personas mediante la promesa de felicidad y vida eterna después de la muerte. En su forma más pura, la religión ya no será «el signo de la criatura oprimida, el corazón de un mundo sin corazón y el alma de condiciones sin alma» (Marx, 1844). En consecuencia, la religión ya no será «el opio del pueblo», sino una ideología dirigida a la creación y mantenimiento de una sociedad orientada a la justicia social y la vida plena.

> *El comportamiento correcto culmina en la acción necesaria para cambiar el sistema que genera el comportamiento incorrecto.*
> Karl Marx

Friedrich Nietzsche (1844-1900)

Una vez que superamos las interpretaciones erróneas comunes de la filosofía de **Friedrich Nietzsche**, emerge un sorprendente paralelismo entre su filosofía social y la de **Jesús de Nazaret**. Este paralelismo resulta evidente en los dos pares de conceptos fundamentales que ambas filosofías comparten: el «nacer de nuevo» y «Übermensch», así como «voluntad del viento» y «voluntad de poder».

Nietzsche abogó por adoptar el concepto del «Übermensch» o «superhombre» para superar el «último hombre», que se caracteriza por la debilidad, el conformismo y el resentimiento. El «Übermensch» se distingue por su capacidad de crear sus propios valores, afirmar la vida y vivir con una «voluntad de poder» (*Wille zur Macht* en alemán original), entendida como poder sobre uno mismo, no sobre los demás. Su crítica a la «moral de rebaño» y al conformismo busca fomentar una grandeza individual que trasciende la mediocridad y las ambiciones mezquinas, alentando así un mayor compromiso y la excelencia.

Para **Nietzsche**, el «Übermensch» es un ser humano que ha trascendido los valores tradicionales y la «moral de esclavos». Este implica recrear la propia identidad y otorgar un nuevo sentido a la existencia, eliminando la necesidad de estructuras religiosas ortodoxas. El «Übermensch» personifica la «voluntad de poder» y sostiene la vida en la Tierra, abrazando su complejidad y sufrimiento, en lugar de buscar consuelo en un paraíso imaginario tras la muerte.

A pesar de las diferencias en los orígenes del concepto de «Übermensch» de **Nietzsche** y el de «nacer de nuevo» de **Jesús**, ambos representan un proceso de transformación radical hacia la autonomía y la afirmación de la vida terrenal. El «Übermensch» encarna la misma metamorfosis del «nacido de nuevo». Sin embargo, ninguno de los dos conceptos implica la noción irrelevante de un «hombre mejorado».

El **concepto nietzscheano** de la «voluntad de poder» guarda una notable similitud con el **concepto jesuita** de la «voluntad del viento». Para **Nietzsche**, este concepto no se reduce simplemente a un deseo de dominio o control sobre los demás, como suele malinterpretarse. En cambio, aquí planteamos que este principio es mucho más profundo y de gran valor social. En consonancia con las ideas de **Nietzsche**, la «voluntad de poder» es una fuerza omnipresente que impregna toda la existencia. Surge como una fuerza motriz que trasciende la mera «voluntad de vivir» de Arthur Schopenhauer, superando la simple autoconservación para abarcar el crecimiento, la superación personal, la expansión de su influencia y la afirmación de la vida.

Todo ser vivo, desde el organismo más simple hasta el ser humano más complejo, está impulsado por el deseo de ejercer poder, vencer la resistencia y expandir su influencia. En el caso de los humanos, el nacimiento enciende la chispa de la «voluntad de poder» en su interior. Esto equipara la «voluntad de poder» con el concepto de «conatus» de Baruch Spinoza, que se enciende al comienzo de la existencia de cada individuo.

En la filosofía de **Jesús**, sin embargo, la «voluntad del viento» no se adquiere al nacer. Se trata de un fenómeno que es el resultado de un proceso de transformación individual que conlleva sacrificio, lucha contra un sentimiento de soledad y enfrentamiento a la reacción social. El empoderamiento con la «voluntad del viento» es el resultado de «nacer de nuevo en el espíritu». Es decir, en el caso de **Jesús**, este poder espiritual forma parte intrínseca de la autoconciencia del «renacido» y, al igual que la la «voluntad de poder», es un poder sobre uno mismo, no sobre los demás. Es una virtud lograda, no una condición natural de vida.

Nietzsche propone establecer y expandir una sociedad similar al concepto de «Reino de Dios» de **Jesús**. La implementación de la labor social del «Übermensch» requeriría una reevaluación radical de los valores morales y éticos tradicionales. En contraste con la aceptación pasiva de los valores heredados, se propone una crítica y transformación de los mismos, reconociendo su origen histórico y su posible falsedad. El objetivo es establecer nuevos valores basados en la «voluntad de poder» y la afirmación de la vida.

Según el análisis presentado, el concepto de **Jesús** de «Nacer de Nuevo» no se refiere a un renacimiento espiritual individual y pasivo. Más bien, propone una transformación radical en la mentalidad que implica un compromiso activo con la justicia social. Este enfoque requiere renunciar a los valores inherentes a un sistema opresivo y promover una vida plena y justa en el presente, sin postergar la búsqueda de la recompensa divina. Este proceso de empoderamiento permite a las personas experimentar la vida en la Tierra de una manera más auténtica y plena.

En su discurso, **Jesús** se refiere a un «renacimiento espiritual» que se alcanza mediante una comprensión holística de uno mismo; una comprensión que abarca la totalidad de la persona, incluyendo los aspectos espirituales y sociales. Este conocimiento espiritual y social implica la comprensión de la verdad divina y su relación con la humanidad y la naturaleza. Así pues, se invita a reflexionar sobre la «autoafirmación» como método para el «renacimiento espiritual», tal y como proponen diversas escuelas de pensamiento, como la filosofía de **Nietzsche**.

Así, la «autoafirmación» emerge como un proceso activo y creativo de forjar el propio destino, vivir auténticamente, superar desafíos y crear valores que emanan de una fuerte y vital «voluntad de poder». Este enfoque anima a las personas a verse a sí mismas como obras de arte, reconociendo que son creaciones en constante evolución y desarrollo, bajo su propio control.

Finalmente, la filosofía de **Nietzsche** introduce el concepto de «eterno retorno», que contrasta radicalmente con la doctrina cristiana romana. Sirve como una prueba definitiva de la voluntad individual, suscitando una profunda reflexión y llevando a las personas a cuestionarse si estarían dispuestas a replicar su existencia actual indefinidamente. Una respuesta afirmativa y entusiasta constituye una plena afirmación de la existencia, sin tener en cuenta la expectativa de la salvación celestial o la recompensa en el más allá.

Es importante señalar que, al igual que la interpretación predominante del «materialismo histórico» de **Marx**, el «eterno retorno» suele simplificarse en exceso y reducirse a un ateísmo basado únicamente en la oposición a la doctrina religiosa dominante de la época. Sin embargo, esta oposición por sí sola no constituye una base racional para el ateísmo ni implica necesariamente un rechazo de la auténtica filosofía social de **Jesús de Nazaret**. No creer en los dogmas del cristianismo romano (catolicismo) no equivale automáticamente al ateísmo. Ni el «materialismo histórico» ni el «eterno retorno» son teorías ateas, sino que ofrecen interpretaciones o valoraciones fundamentales de la existencia humana desde una perspectiva inmanente o "terrenal".

Según **Nietzsche,** la filosofía social del cristianismo romano se basa en lo que él denominó una «moral de esclavos»: un sistema de valores que exalta la compasión, la humildad y la resignación. El filósofo creía que estas virtudes son contrarias a la afirmación de la vida y a la «voluntad de poder». Consideraba que dicha moral se origina en el resentimiento de los débiles hacia los fuertes y proyecta una recompensa imaginaria en el más allá. En este sentido, devalúa la vida terrenal al subordinarla a la esperanza de la salvación futura. Esta perspectiva implica una concepción lineal del tiempo con un principio y un fin (el Juicio Final) y una orientación hacia la recompensa celestial.

Esta concepción de la trascendencia contrasta marcadamente con el principio del «eterno retorno», que afirma la inmanencia. Este principio impulsa a los individuos a encontrar el sentido en la vida presente ("aquí y ahora") y en cada una de sus acciones, sin la esperanza de un paraíso ni de un juicio celestial. En lugar de esperar la salvación divina, la hipótesis de **Nietzsche** subraya la importancia de reconocer que el sentido de la vida y su potencial de repetición residen en cada individuo.

Sin embargo, un análisis exhaustivo de los conceptos de «nacer de nuevo» y «eterno retorno» revela una notable similitud entre ambos marcos filosóficos. Ambos apuntan a la transformación del individuo hacia un estado superior de autenticidad y autonomía existencial. En la filosofía de **Nietzsche**, los individuos deben trascender la «moral de rebaño» y desarrollar sus propios valores mediante la «voluntad de poder», alcanzando así una madurez espiritual y creativa. De manera similar, el «nacer de nuevo» de **Jesús** implica una transformación espiritual que libera al individuo de las ataduras del legalismo, tanto de la ley mosaica como del dominio político romano. Esta transformación otorga al individuo una autonomía vital, que se compara metafóricamente con la «voluntad del viento».

El resultado de las propuestas de **Nietzsche** es el «Übermensch»: la encarnación del sentido de la tierra y un modelo de existencia creadora de valores, orientada a promover una vida humana plena y abundante. Esta respuesta categóricamente humana surge ante el colapso de las verdades religiosas y los valores absolutos, un escenario existencial representado por la célebre alegoría de la «muerte de Dios». En el contexto de las enseñanzas de **Jesús**, se enfatiza la figura del «individuo renacido». Este individuo posee las cualidades necesarias para cumplir la «Gran Comisión» —proclamar el «Reino de Dios» a todas las naciones— y es capaz de revitalizar a la humanidad hacia la justicia divina y una vida plena. Así, el «individuo renacido» se presenta como un instrumento del Espíritu en la Tierra y un modelo de existencia auténtica y transformadora.

En resumen, tanto **Jesús** como **Nietzsche** propusieron enfoques radicales para alcanzar una vida plena y auténtica. Ambos postulaban la superación del «viejo individuo» (débil, dependiente e inauténtico) para dar lugar a uno nuevo. En ambos casos, el individuo actúa por convicción autónoma, no por una imposición heterónoma. A pesar de que sus marcos conceptuales parecen oponerse, ambos comparten una profunda vocación por la transformación del ser humano.

La «Voluntad de Poder»
no es una justificación
para la opresión política,
sino un principio psicológico
de superación personal.
Friedrich Nietzsche

Antonio Gramsci (1891-1937)

La filosofía de **Gramsci** se centra en la «hegemonía cultural» y la lucha por la transformación social. De manera similar al concepto de «nacer de nuevo» de **Jesús**, que implica una ruptura con las ideas establecidas, el concepto de «conciencia crítica» de **Gramsci** supone una ruptura con el «sentido común hegemónico». Este fenómeno se caracteriza por un despertar intelectual que facilita la comprensión de las estructuras sociales de poder y el lugar que ocupan los individuos y los colectivos dentro de ellas. Esta comprensión es un paso esencial hacia la transformación personal.

Gramsci argumentaba que una revolución social no podía ser puramente económica ni política, sino que debía estar precedida y acompañada de una profunda reforma intelectual y moral de la sociedad. Este cambio implica el surgimiento de una nueva cultura, valores y cosmovisión por parte de las «clases subalternas».

Las «clases subalternas» carecen de poder hegemónico, lo que las somete a la dirección intelectual y moral de las clases dominantes. Esta situación dificulta el desarrollo de una conciencia política autónoma y una sólida identidad colectiva. El principal desafío para estos colectivos es superar la hegemonía imperante y convertirse en agentes activos de su propia narrativa histórica.

Gramsci enfatizó la importancia de los «intelectuales orgánicos», quienes emergen de las «clases subalternas» para contribuir al desarrollo de su conciencia de clase y establecer una contra-hegemonía. En consonancia con la filosofía de **Jesús**, estos «intelectuales orgánicos» deben exhibir una mentalidad caracterizada por el sacrificio y el servicio hacia los demás. En el análisis bíblico, nos remitimos a la declaración de **Jesús** en Marcos 10:45, donde afirma que su propósito en la vida no era ser servido, sino servir y dar su vida en rescate por muchos.

Un «intelectual orgánico» es un individuo que surge de un grupo o clase social fundamental al que está intrínsecamente vinculado. Resulta sorprendente el paralelismo entre la «Gran Comisión» del «renacido» y la función principal del «intelectual orgánico». Su función principal es proporcionar a su clase homogeneidad y conciencia de su papel en las esferas económica, política, social y cultural. Estos individuos, conocidos como «gestores», organizan y difunden principalmente la cosmovisión, los valores y los intereses que definen a su clase social. Se centran en construir y preservar la hegemonía de su clase social, definida como el predominio y control de los valores, ideas y prácticas que rigen las relaciones de poder en una sociedad determinada.

La teoría de la «hegemonía» y el papel del «intelectual orgánico» de **Gramsci** resaltan la capacidad de las «clases subalternas» para construir una nueva cosmovisión y superar el «sentido común» impuesto por la clase dominante. Si bien no se trata de una «intervención divina», el papel del «intelectual orgánico» podría interpretarse como el de un agente catalizador del «renacer colectivo» (el «todos» de **Jesús**). El «intelectual orgánico» guiaría a las masas para superar su estado de subordinación intelectual y moral, ayudándolas a visualizar y, finalmente, a construir una nueva realidad social. Este proceso implica una profunda transformación, tanto individual como colectiva, con el objetivo de alcanzar un estado óptimo de existencia. En el contexto de nuestro análisis, este estado óptimo de existencia se denomina «Reino de Dios».

Esta reforma integral, tanto intelectual como moral, puede interpretarse como un «nacer de nuevo» a nivel social (el «todos» de **Jesús**). No se trata de un mero ajuste o mejora, sino de una reconfiguración fundamental de la identidad colectiva y sus principios rectores. Este fenómeno implica renunciar a los viejos modelos de comportamiento y pensamiento impuestos por la hegemonía, dando lugar a una «nueva forma de organización social».

Según **Gramsci**, acumular conocimiento y desarrollar teorías por sí solos no basta; deben complementarse con la praxis, o «acción transformadora». La transformación social exige que los individuos actúen de acuerdo con su nueva conciencia.

Este énfasis en la acción que sigue a una nueva comprensión se alinea con el concepto «nacer de nuevo», que implica una nueva creencia interna y su manifestación en una vida transformada y acciones congruentes con esa nueva identidad espiritual.

> *La Gran Comisión [Acción Transformadora]: Jesús se dirigió a los apóstoles y les encomendó la misión de **difundir su mensaje teológico y social revolucionario a todas las naciones**, enseñándoles sus principios de vida y relaciones sociales. (Según se cita en los versículos 28:19-20 del Evangelio de Mateo.)*

Para que la «acción transformadora» (la «Gran Comisión») tenga éxito, es crucial romper con el orden establecido, incluyendo el reino de los hombres y el «sentido común hegemónico». Tanto **Jesús** como **Gramsci** proponen establecer un «nuevo orden social» para todas las relaciones humanas. Para **Jesús**, es el «Reino de Dios»; para **Gramsci**, una sociedad emancipada y justa. En resumen, ambos conceptos convergen en la misma aspiración: el «comunismo-marxista». Sin embargo, como se explicó anteriormente, el surgimiento del «comunismo-marxista» requiere más que un «nuevo renacimiento», que rompa con el «sentido común hegemónico». Para que este fenómeno socioeconómico se produzca, la sociedad debe haber alcanzado un desarrollo tecnológico óptimo.

El paralelismo entre ambos pensadores es sorprendente, dados sus enfoques y métodos similares, lo que sugiere una convergencia de ideas y conceptos. El concepto de «nacer de nuevo» en **Jesús** implica una transformación personal, tanto individual como colectiva, que afecta a los individuos y comunidades. En consonancia con lo anterior, desde una perspectiva **gramsciana**, la transformación del «intelectual orgánico» emerge como un proceso sociopolítico colectivo. En ambos casos, se evidencia una ruptura con un estado social anterior para adoptar uno nuevo y radicalmente diferente.

> *La "Sociedad Ideal"*
> *es el resultado de una lucha*
> *cultural y política.*
> Antonio Gramsci

Martin Heidegger (1889-1976)

Para una mejor comprensión de la filosofía de **Martin Heidegger**, es importante entender los conceptos de «**Dasein**», «**Das Man**» y «**finitud**». Desde esta perspectiva filosófica, el concepto «Dasein» se aplica a todos los seres humanos y se define literalmente como «ser-ahí», lo que implica que cada individuo es arrojado a la vida, en el tiempo y el espacio, sin su consentimiento. Para cuando el «Dasein» toma conciencia de su existencia, las estructuras sociales de poder ya han moldeado su personalidad, incluyendo su lugar de nacimiento y crianza, su idioma, su cosmovisión y su ideología social. Este proceso de integración social se caracteriza por una pérdida de la identidad individual en favor de la conformidad con la sociedad de su entorno. Generalmente, la familia y la sociedad moldean al individuo hasta convertirlo en una persona inauténtica o «Das Man».

El concepto de «Das Man» representa la forma inauténtica del «Dasein», lo que implica una falta de autenticidad en la experiencia humana. En este sentido, el «Dasein», al vivir como «Das Man», se manifiesta como una entidad singular integrada en la comunidad, despojada de su individualidad y adaptada sin cuestionar a las normas sociales imperantes. Es un ser que fue arrojado a la vida sin consentimiento y dotado de una personalidad para que pudiera vivir como los demás. Cuando el «Dasein» toma conciencia de su existencia inauténtica como «Das Man», debe elegir entre seguir viviendo como un ser inauténtico o convertirse en un «Dasein» auténtico, lo que implica apropiarse de su espíritu y desarrollar su propio juicio crítico.

Otro concepto fundamental en la filosofía de **Heidegger** es la noción de «finitud». Este concepto se refiere a la condición humana fundamental de estar limitada por el tiempo y, en particular, por la inevitabilidad de la muerte. La «finitud» no se limita al hecho de que experimentaremos la muerte en algún momento del futuro, sino que también es una posibilidad **singularmente personal**. A diferencia de otros eventos futuros, la muerte es totalmente personal, intransferible e inescapable. Este es el límite que define nuestra existencia.

En la filosofía de **Heidegger**, la «vida inauténtica» se caracteriza por el intento de evadir la «finitud». Nos refugiamos en las distracciones cotidianas, los chismes y los vicios, y nos convertimos en «Das Man» (el «ser impersonal») para escapar, consciente o inconscientemente, de la angustia que produce la «finitud» o el hecho de que vamos a morir. La vida auténtica, en cambio, abraza conscientemente la «finitud». En lugar de evitar la angustia de la muerte, afrontamos nuestra propia posibilidad de ser y el hecho de que nuestra existencia es limitada. Al afrontar la muerte con valentía, el «Dasein» se apropia de su ser y vive con propósito, reconociendo que cada instante es valioso precisamente por su «finitud».

Para **Heidegger**, afrontar la «finitud» conduce a la autenticidad. Ante la inevitabilidad de la muerte, el individuo se ve obligado a asumir la plena responsabilidad de su existencia. Esta conciencia de las limitaciones temporales libera al individuo de las preocupaciones anónimas del «Das Man» y le permite tomar decisiones y vivir una vida con propósito, basada en su propio potencial. El concepto de «finitud» motiva al individuo a alcanzar su máximo potencial.

En el contexto de la filosofía de **Jesús**, el individuo proviene de Dios y se mantiene bajo la gracia divina del «Reino de Dios» como un niño. Para cuando el niño toma conciencia de su existencia, otros ya han tomado decisiones respecto a cada aspecto de su personalidad y cosmovisión sin su consentimiento. En otras palabras, el individuo está integrado en la moral predominante de la época y excluido del concepto de «Reino de Dios». En ese momento, debe elegir si continuar viviendo como un ser inauténtico (ignorante o pecador) o «nacer de nuevo», convirtiéndose en un individuo auténtico en un estado de satisfacción personal (emancipado o salvado).

El paralelismo entre la «finitud» de **Heidegger** y el concepto de «nacer de nuevo» de **Jesús** reside en la transformación radical del individuo a través de la confrontación con su propia existencia. Ambos conceptos proponen romper con una forma de vida inauténtica para adoptar una nueva perspectiva, lo que repercute en su conducta social y su concepción de la muerte.

Los conceptos de «finitud» y «nacer de nuevo» sugieren una transformación radical del individuo a través de un evento o experiencia que confronta a este con la realidad de su existencia. Para **Heidegger**, esta confrontación se produce como resultado de la angustia existencial que surge de la conciencia de la propia mortalidad. Esta angustia permite a los individuos trascender una existencia inauténtica, caracterizada por la evasión de la muerte, hacia una existencia auténtica en la que abrazan su ser y su libertad. De manera similar, el concepto de «nacer de nuevo» representa el comienzo de una nueva vida para el «renacido» a través del poder de la fe. Esto se considera una muerte simbólica del "hombre viejo" para adoptar una nueva identidad que vive según los principios universales del «Reino de Dios».

La perspectiva de **Heidegger** sobre la sociedad se centra en la influencia de la «finitud» en el comportamiento social de los individuos. Al adoptar una postura de autenticidad, una persona puede establecer relaciones interpersonales basadas en su singularidad, liberándose de las presiones sociales. Esto le permite actuar con responsabilidad dentro de su comunidad, sin comprometer su individualidad. De manera similar, la persona «renacida» exhibe una conducta social guiada por sus nuevos principios morales, basados en el servicio, la compasión y el amor. De este modo, su vida se convierte en un testimonio de la transformación que ha experimentado, y sus acciones se orientan a servir a los demás y a vivir en armonía con la comunidad.

Nuestro análisis revela un sorprendente paralelismo entre las filosofías de **Martin Heidegger** y de **Jesús de Nazaret** con respecto a la «finitud» o la muerte. El núcleo de ambas filosofías reside en cómo los límites de la existencia confieren valor y urgencia a la vida auténtica. El paralelismo más poderoso estriba en que, para ambas filosofías, la muerte no es simplemente el fin, sino el aspecto más fundamental e inevitable de la existencia que dota de propósito y significado a la vida auténtica.

En la filosofía teológica y moral de **Jesús**, quien alcanza el «nacer de nuevo» ya no percibe la muerte como un fin absoluto, sino como un retorno a la divinidad que hizo posible su nacimiento. Desde esta perspectiva, la plena comunión con lo divino disuelve el temor a la muerte al ofrecer la esperanza del «retorno a Dios». No obstante, quienes logran «nacer de nuevo» cambian su percepción de la vida y del mundo, y comienzan a vivir con un propósito que trasciende lo terrenal: cumplir la «Gran Comisión» de difundir el revolucionario mensaje teológico y social de **Jesús** a todas las naciones.

No obstante el expresado paralelismo, la base de cada concepto es radicalmente diferente. Por un lado, **la «finitud» es una verdad puramente secular**. El significado de la vida y la búsqueda de autenticidad surgen de la conciencia de la nada y del hecho de que existimos en un mundo desprovisto de un propósito predefinido que enaltezca a la humanidad. La liberación se alcanza mediante la aceptación de esta condición de ser-para-la-muerte. Por otro lado, **el concepto de «nacer de nuevo» representa una verdad de gran trascendencia**. El sentido de la vida no emana del vacío social, sino de una conexión con lo divino. La liberación espiritual se logra al adherirse a los principios de justicia social de **Jesús**, que se fundamentan en la voluntad divina. La muerte representa la culminación de esta conexión con lo divino.

> *El pensamiento no consiste*
> *en crear la realidad,*
> *sino en conocer la que es.*
> Martin Heidegger

Michel Foucault (1926-1984)

En Judea y Roma, las élites mantenían el control sobre la población mediante la fuerza física y mecanismos de control ideológico y conductual. Estos sistemas fueron diseñados explícitamente para impedir la visibilidad de una alternativa social.

Al decirle a Nicodemo, un influyente líder religioso y político, que «todos deben nacer de nuevo», **Jesús** señaló la necesidad de una deconstrucción sistémica de las estructuras del poder dominantes en el siglo I. La concepción de **Jesús** sobre la justicia social y la libertad individual, representada por el «Reino de Dios», difería radicalmente de las perspectivas contemporáneas. Esto implicaba una **inversión de valores**, elevando a los menos afortunados a una posición de preeminencia y exaltando a los más humildes, estableciendo el servicio como la medida de la grandeza.

De hecho, una metamorfosis interna es imperativa para interpretar adecuadamente los verdaderos componentes del «Reino de Dios» y contribuir eficazmente a su expansión. El «renacer» no era simplemente un requisito espiritual, sino una condición esencial para discernir y actuar en pos de una nueva realidad social y moral.

Desde la perspectiva de **Jesús**, los individuos no solo se enfrentaban a la opresión externa, sino también a una ceguera interna o incapacidad espiritual que les impedía percibir la paz y la libertad que ofrecía el «Reino». Esta limitación en la visión era tan significativa que incluso Nicodemo, un destacado maestro en Judea, necesitaba una transformación radical en su perspectiva y en su ser para comprender y aceptar este nuevo orden social.

En este sentido, la filosofía de **Foucault** emerge como una herramienta analítica fundamental para comprender los mecanismos de poder y control que caracterizan a las sociedades contemporáneas, particularmente a través de su metáfora del «**Panóptico**». El concepto de «Panóptico» deriva del prefijo griego '**pan**' (que significa 'todo') y '**óptico**' ('visión' o 'relativo a la vista'). La combinación, de hecho, significa 'visión omnipresente' o 'verlo todo', lo que capta a la perfección la esencia del mecanismo de vigilancia total del «**Panóptico**», tanto en su diseño arquitectónico original como en el concepto sociopolítico de **Foucault**.

Jeremy Bentham, filósofo utilitarista, concibió este modelo arquitectónico carcelario a finales del siglo XVIII. El propósito de la estructura del Panóptico es permitir que el alcaide, protegido en una torre central, pueda supervisar a los prisioneros, ubicados en celdas individuales alrededor de la torre. Esta disposición permite al alcaide observar a todos los prisioneros en las celdas individuales que rodean la torre sin que estos se den cuenta de que están siendo observados (Wikipedia).

Según **Foucault**, la sociedad es un sistema de control en el que se definen las «**ideologías y conductas normales**» para satisfacer los intereses de la clase dominante. La metáfora del Panóptico ilustra cómo se ejerce el poder sobre los ciudadanos. Es crucial señalar que la clave no radica en la vigilancia constante real, sino en la capacidad de este sistema de poder mantener una vigilancia imaginaria constante. Las instituciones sociales llevan a los ciudadanos a adoptar las «ideologías y conductas normales», que encarnan el «panóptico social». De este modo, los ciudadanos se transforman en vigilantes de las ideologías y conductas sociales. En términos generales, los ciudadanos rechazan o juzgan las ideologías o conductas de sus conciudadanos que se apartan de lo que se ha establecido como «**normal**».

Las instituciones sociales, como las organizaciones educativas, culturales y publicitarias, moldean sutilmente a los ciudadanos para convertirlos en personas aceptables para las autoridades públicas y la élite gobernante. Los ciudadanos resultantes, ya sean prisioneros, trabajadores, estudiantes o cualquier otro miembro de la sociedad, se sienten obligados a cumplir un conjunto de normas y directrices que regulan su comportamiento sin necesidad de coerción externa directa. En este sentido, la disciplina se convierte en un compromiso personal y autoimpuesto.

En consecuencia, la sociedad contemporánea ha desarrollado un sistema de vigilancia encubierta, aquí denominado «panóptico», cuyo objetivo es garantizar que los ciudadanos se ajusten al orden establecido. En este contexto, se observa una dinámica de vigilancia y control mutuo entre los ciudadanos, donde los padres supervisan a sus hijos, los familiares y vecinos se vigilan entre sí, y los gerentes y supervisores monitorean a sus empleados.

Instituciones como cárceles, escuelas, fábricas, iglesias y hospitales están diseñados para producir «cuerpos dóciles» y mentes sumisas que perpetúan sistemas de dominación. El principal objetivo social de estas instituciones es crear una percepción colectiva que consolide comportamientos o actitudes específicos como «comunes» o «normales», aceptables e incluso deseables dentro de la sociedad. El propósito último de la estructura social de poder es alinear las creencias y prácticas de los ciudadanos con los principios, la representación y los objetivos de la élite gobernante sin que los individuos perciban esta alineación como una influencia directa.

En sus investigaciones posteriores, **Foucault** examinó el concepto del «cuidado de sí». Lejos de interpretarse como un acto egoísta, esta práctica de autorreflexión e introspección se presenta como un conjunto de prácticas (reflexión, autoexamen y meditación) orientadas a la transformación personal. Estos ejercicios espirituales analizan la relevancia del análisis personal en la autorrealización y el dominio de la propia vida. Este proceso permite la formación de vínculos éticos auténticos con los demás y con el mundo.

Mediante este proceso de autotransformación, los individuos concluyen que deben liberarse de las restricciones sociales, donde el «comportamiento normal» está determinado por los intereses de la clase dominante, en lugar de por los intereses personales. La idea de **Foucault** de una autotransformación continua y deliberada para alcanzar una versión óptima de uno mismo es similar al concepto de **Jesús de Nazaret** de «nacer de nuevo».

En resumen, este destacado filósofo francés expuso su teoría sobre cómo las estructuras sociales de poder disciplinan cuerpos y mentes, moldeando a los individuos según los intereses de la élite. Sin embargo, su obra también plantea la posibilidad de la resistencia y la transformación personal. Mediante el «autocuidado», sugiere que los individuos pueden construir nuevas identidades («renacer»), desafiando las normas impuestas y forjando subjetividades que no se ven limitadas por los dictados del sistema. Esto implica una ruptura con las subjetividades egoístas y acumulativas que promueve el orden actual.

> *Libertad es un acto continuo*
> *de lucha contra*
> *las formas de poder*
> *que intentan definirnos.*
> Michel Foucault

Síntesis

Realizamos un estudio comparativo de las filosofías de siete pensadores modernos y contemporáneos y de Jesús de Nazaret. Estos pensadores son Baruch Spinoza, Immanuel Kant, Karl Marx, Friedrich Nietzsche, Antonio Gramsci, Martin Heidegger y Michel Foucault. Todos ellos, incluido Jesús, se esforzaron genuinamente por dar «sentido a la vida». Si bien la filosofía de Jesús parece ser la más trascendental, enseñó constantemente cómo ganarse el favor del «Padre Celestial» en esta vida.

Este análisis comparativo nos llevó a identificar una pregunta trascendental pero inmanente sobre nuestra existencia: el «**sentido de la vida**». ¿Cuál es el «sentido de la vida» para cada ser humano que ha sido lanzado a la Tierra sin su consentimiento? Es el «sentido de la vida» para toda la humanidad. Una vez que tomamos consciencia de nuestra existencia y finitud, no nos queda más remedio que darle un sentido a nuestra existencia.

Al integrar la filosofía presentada en este estudio, concluimos que el verdadero «sentido de la vida» consiste en: **tomar el control de nuestra vida finita y optimizar nuestro potencial, con el objetivo de mejorar la vida eterna de la humanidad actuando como si fuéramos la humanidad misma**.

Esta síntesis nos inspira al encontrar un punto de convergencia y trascendencia en las filosofías de diversos pensadores y unirlas con el mensaje central de Jesús de Nazaret. Si bien cada pensador aborda la existencia y sus manifestaciones desde diferentes perspectivas (metafísicas, éticas, económicas o relacionadas con el poder), todos se esfuerzan por determinar la mejor manera de vivir.

La actitud consiste en actuar como si fuéramos la humanidad misma, rechazando el egoísmo individualista y asumiendo la responsabilidad universal, como propusieron Kant, Nietzsche y Jesús. El medio para lograr este objetivo es comprometernos de forma activa y transformadora, como lo describieron Marx, Gramsci, Heidegger y Foucault. Cuando la vida tiene sentido, tiene una dirección u objetivo que impulsa productivamente las acciones diarias. Tu vida adquiere coherencia y universalidad (Spinoza) a medida que avanza hacia un desarrollo exponencial.

Estos filósofos han articulado un principio ético que sirve como respuesta existencial, dando «sentido a la vida» al integrar la moralidad kantiana, el compromiso social marxista y la entrega total de Jesús.

En resumen, sostienen que el «sentido de la vida» proviene de una realidad superior y externa al individuo. Es una visión universal. Esta es la motivación más profunda que impulsa a los seres humanos y el principio organizador que transforma la mera existencia en una vida con propósito, valor y significado.

La grandeza de Dios
reside en tu ser;
¡descúbrela!

RETORNO A DIOS

El Concepto

El concepto de «Retorno a Dios» sintetiza con precisión la predicación de Jesús acerca de nuestra permanente y eterna relación con Dios, que existe desde antes del nacimiento, perdura a lo largo de toda la vida y se proyecta más allá de la muerte.

Este concepto identifica los momentos más significativos de nuestra relación con Dios, que incluyen la infancia, la edad adulta y la muerte. En consecuencia, el concepto de «Retorno a Dios» es una visión meticulosamente estructurada que destaca momentos específicos de la vida para definir de manera holística las relaciones del ser humano consigo mismo y con los demás en el contexto de su relación con lo divino.

❖ Durante la **infancia**, la conexión con el «Reino de Dios» es un estado inherente y natural.

❖ Durante la **adultez**, si bien Dios nunca nos abandona y permanece en nosotros, nuestra conexión consciente con Él se debilita. Restablecerla exige un acto voluntario y radical de transformación: «Nacer de Nuevo».

❖ En el **fallecimiento**, el «Retorno a Dios» es un acontecimiento inevitable y universal, que ocurre al concluir el camino de la vida.

El concepto de **«Retorno a Dios»,** como un acontecimiento que ocurre únicamente en dos momentos específicos de la edad adulta —al **«Nacer de Nuevo»** y al fallecer— proporciona un marco filosófico para el concepto de salvación o emancipación de Jesús de Nazaret. En este contexto, la transformación durante la vida no es simplemente una opción, sino el único camino para restablecer la relación con lo divino antes de la muerte.

A pesar de ser una síntesis novedosa de sus enseñanzas, el concepto del «Retorno a Dios» puede considerarse parte integral y coherente de la filosofía teológica de Jesús de Nazaret. No introduce una idea extraña, sino que organiza tres elementos dispersos en la predicación de Jesús de una manera lógica y existencial.

- **La pureza de un niño, atributo fundamental del «Reino de Dios»**: Jesús mismo estableció el principio de que los niños están intrínsecamente vinculados al «Reino de Dios» y afirmó que para acceder a dicho «Reino» se debe aspirar a la pureza de un niño. El concepto del «Retorno a Dios» legitima esta conexión inicial. Esta premisa se alinea perfectamente con la declaración de Jesús en Lucas 18:16-17: «El Reino de Dios es de los que son como niños. De cierto, de cierto os digo: el que no acepte el Reino de Dios como un niño, no entrará en él».

- **«Nacer de Nuevo» es una condición indispensable para el «Retorno a Dios» en la vida**: La esencia del concepto del «Retorno a Dios» reside en la redefinición de la adultez. Según nuestro análisis, un adulto es alguien que ha perdido conscientemente su conexión con el «Reino de Dios», y la única manera de recuperarla es mediante un acto voluntario de transformación: el «Nacer de Nuevo». Esta premisa se alinea perfectamente con el diálogo entre Jesús y Nicodemo, registrado en el Evangelio según Juan.

❖ **La muerte es el definitivo «Retorno a Dios»:** La idea de que la muerte es la etapa final del «Retorno a Dios» es un tema central en la escatología de Jesús. Este retorno garantiza que, independientemente del camino de la vida, el destino final es la plenitud en la presencia divina.

Crítica Socio-Teológica

Quienes ocupan puestos en las estructuras sociales de poder y económico manipulan conceptos religiosos y morales para obtener beneficios personales. Las instituciones políticas y religiosas, por ejemplo, crean un sistema socioeconómico en el que los problemas y los fracasos se atribuyen a los individuos, mientras que las verdaderas causas sistémicas permanecen ocultas o incluso son promovidas por estas élites.

El concepto de pecado original y la necesidad de confesar los pecados, plasmado en la frase «mea maxima culpa», se establece como un mecanismo para internalizar la causa de los pecados o la ignorancia. Al hacer que cada individuo se perciba como imperfecto y responsable de sus errores, se desvía la atención de las deficiencias del sistema sociopolítico. Promover esta cosmovisión del pecado o ignorancia dirige la atención de las personas hacia la redención personal en lugar de cuestionar las condiciones sociales, económicas y políticas que generan desigualdad, delincuencia y violencia.

Estas condiciones moldean, en consecuencia, el comportamiento social e incluso personal de las personas comunes. Las estructuras sociales de poder implementan una cultura de culpa o ignorancia individual para posicionarse como jueces y verdugos. Esto les otorga el poder de incriminar y condenar a individuos como «responsables» de problemas sociales, como la delincuencia, la vagancia, el robo, la agresión contra otros y el odio basado en el origen. Esta cultura impuesta justifica la implementación de sistemas de castigo, como las cárceles, como respuesta necesaria al «pecado o ignorancia» personal.

En este contexto cultural, la pobreza y la desigualdad social se toleran porque se consideran parte de una realidad humana inevitable, donde los individuos son responsables de sus condiciones socioeconómicas. Las estructuras sociales de poder se benefician de la existencia de estos problemas y, además, se presentan como la única solución y benefactores al implementar sistemas de bienestar social.

El «Reino de Dios» en la infancia no es una elección consciente del niño, sino una condición inherente a su naturaleza. Los niños son parte intrínseca de este «reino» porque su existencia no está contaminada por las estructuras sociales de poder. Este estado de pureza, en el que el niño está naturalmente conectado con el «Reino de Dios», se ve interrumpido por las estructuras sociales de poder sin su consentimiento.

En este contexto, la adultez ignorante o pecaminosa no es el resultado de una elección puramente libre, sino más bien el resultado de procesos de desarrollo y condiciones socioeconómicas diseñadas y mantenidas por estructuras sociales de poder que perturbaron la conexión original con Dios. Estos procesos y condiciones implican alienación, una situación ajena a la voluntad de los individuos en la que no se les considera un fin en sí mismos, sino un medio o meros instrumentos al servicio de las estructuras sociales de poder.

Esta realidad social contradice los principios enseñados por Jesús. En el versículo 20:28 del Evangelio de Mateo, afirmó: «No he venido para ser servido, sino para servir». En la realidad que todos conocemos, las estructuras sociales de poder aparentan estar diseñadas para servir a la ciudadanía, cuando en esencia son servidas por ésta. Por lo tanto, la «caída del hombre» no fue causada por su desobediencia ni por la culpa o ignorancia de la mujer, sino por la corrupción de las estructuras sociales de poder que educan a algunos niños para ser servidores dóciles, mientras que a la mayoría los abandonan a su suerte. Estos procesos sociales extraen a los niños del «Reino de Dios», creando la necesidad de «nacer de nuevo» para lograr el «Retorno a Dios».

Este enfoque ofrece una interpretación única del concepto de «Retorno a Dios», separándolo de las nociones tradicionales de juicio, castigo o recompensa divinos. Nuestra tesis se basa en una crítica social profunda, según la cual el infierno es una metáfora de la injusticia social perpetrada por las estructuras de poder y no un lugar de castigo divino eterno para los individuos ignorantes o pecadores.

Según esta interpretación, el infierno no es un reino demoníaco, sino más bien un estado de injusticia social. Las estructuras de poder, representadas por el diablo, son las que crean condiciones de desigualdad que impulsan a los individuos a cometer actos antisociales. Estas mismas estructuras actúan entonces como jueces, castigando a quienes han incurrido en conducta delictiva o inmoral. En esta alegoría, el «fuego eterno» representa el tormento de esta opresión perpetua.

Según esta perspectiva, el «Retorno a Dios» no se trata de un juicio final, sino de la liberación de este ciclo de opresión sistémica. Tanto en la vida espiritual como después de la muerte, el individuo se libera de las estructuras de poder y las injusticias terrenales. Nuestra tesis sugiere que Dios es el refugio eterno para todas sus criaturas y no un demonio que castiga a los individuos por acciones que son el resultado lógico de la injusticia social y la alienación de las personas.

En esencia, nuestra tesis, denominada «Retorno a Dios», separa la divinidad del concepto primitivo de justicia punitiva terrenal. Atribuye la culpa o ignorancia de las acciones humanas a las estructuras sociales de poder, en lugar de a la moralidad creada y divinizada por dichas estructuras.

Praxis

Basado en los conceptos de justicia social de Jesús de Nazaret, este análisis exige una reflexión crítica sobre el origen de los problemas sociales y cómo las estructuras de poder utilizan la moral para perpetuar sistemas que les benefician. En este contexto, es necesario aplicar lógicamente la tesis de Jesús de Nazaret, que afirma que «todos» deben «nacer de nuevo» para liberarse de la «mentalidad de rebaño» y comprender las verdaderas causas del pecado o ignorancia. Este conocimiento te capacita para comprender el mundo y a ti mismo. Rompe las cadenas del pecado, la ignorancia, los prejuicios y las limitaciones. Te otorga autonomía y la capacidad de autodeterminación. La persona «renacida» que actúa de esta manera ha logrado, sin duda, el «Retorno a Dios».

Los miembros de la iglesia suelen ser percibidos como personas que demuestran un compromiso devoto con su fe, adhiriéndose estrictamente a las enseñanzas y prácticas religiosas establecidas por su institución eclesiástica. Sin embargo, su devoción no se alinea necesariamente con los conceptos de «nacer de nuevo» o la «Gran Comisión», dos principios considerados esenciales para formar parte del «Reino de Dios» en la teología de Jesús de Nazaret.

El concepto de «nacer de nuevo», originado en el Nuevo Testamento, específicamente en el Evangelio de Juan, se refiere a una transformación espiritual profunda y personal. No se trata simplemente de una modificación de comportamiento o de la observancia de preceptos religiosos, sino de una transformación interior que se logra al creer plenamente que debemos tomar las riendas de nuestra vida y actuar en consecuencia. Una persona que «nace de nuevo» experimenta un cambio fundamental en su relación con lo divino que trasciende la mera adhesión a las prácticas de una institución religiosa.

Si bien los miembros de la iglesia demuestran gran amor y devoción, el enfoque principal de su fe a menudo permanece dentro de las estructuras eclesiásticas. Su fe puede ser muy personal y sincera, pero si no se traduce en acción, o praxis, de la «Gran Comisión», podría percibirse como incompleta desde la perspectiva teológica de Jesús. Esta inacción, que limita la fe a la oración y la alabanza sin una participación activa en el mundo, podría explicar por qué, a pesar de su devoción, no han logrado «nacer de nuevo» ni forman parte del «Reino de Dios» en esta vida.

La llamada «Gran Comisión», como se relata en el Evangelio de Mateo, es un mandato dado por Jesús a sus seguidores para difundir el evangelio a todas las naciones. Este llamado se dirige no solo al clero y a los ministros, sino a todos los creyentes. Por lo tanto, es imperativo que los cristianos promuevan su fe más allá de los muros de la iglesia, en otros ámbitos del orden social y político.

Esta perspectiva sugiere que la fe debe ser tanto interior («Nacer de Nuevo») como exterior («Gran Comisión») para ser completa y significativa. Es importante señalar que la devoción religiosa no se limita al ámbito personal o eclesial, sino que también abarca acciones en el contexto global.

La «Gran Comisión», establecida en el Evangelio de Mateo, insta a los creyentes a difundir el mensaje y la fe a todas las naciones. Tradicionalmente, esta comisión se ha interpretado como una tarea de evangelización personal, entendida como la difusión del mensaje de fe exclusivamente a las personas. Sin embargo, una interpretación basada en la totalidad de las enseñanzas de Jesús de Nazaret implica que la fe incluye un componente de transformación social. Desde esta perspectiva, una misión basada en la fe busca no sólo transformar los corazones de las personas, sino también reformar las estructuras de poder social que perpetúan la injusticia, el pecado y la ignorancia.

Estas estructuras, incluyendo gobiernos, corporaciones e instituciones financieras, tienen una influencia significativa en la vida de las personas. A menudo impulsadas por la búsqueda de control, riqueza o influencia, estas estructuras sociales pueden, intencional o involuntariamente, crear sistemas desfavorables para los más vulnerables. Por lo tanto, compartir las enseñanzas de Jesús con estas estructuras no es solo proselitismo; es garantizar que estas instituciones operen bajo los principios de justicia, equidad y servicio comunitario.

La premisa fundamental que subyace a la necesidad de que la «Gran Comisión» se centre en las estructuras sociales de poder es la convicción de que transformarlas puede generar un impacto social a gran escala. En lugar de abordar únicamente los síntomas de injusticia a nivel individual, como la pobreza o la explotación, esta estrategia identifica y aborda las causas subyacentes de estos problemas.

Intervenir en las políticas, leyes y valores de estas poderosas instituciones podría lograr una transformación más profunda y duradera. Por ejemplo, en lugar de brindar asistencia puntual a las personas sin hogar, deberíamos abogar por reformas integrales en las políticas y prácticas de educación pública, empleo y banca que dificultan el acceso a una vivienda digna o conducen a la pérdida de la misma. Este enfoque no reemplaza la evangelización individual, sino que la complementa, argumentando que la fe auténtica debe manifestarse en la vida personal y en la búsqueda de la justicia sistémica. Según esta perspectiva, la sinergia entre la conversión individual y la transformación estructural otorga a la fe una visión universal, o el «poder de mover montañas».

En resumen, vincular los conceptos de «Nacer de Nuevo» y la «Gran Comisión» con su aplicación en las estructuras sociales de poder ofrece una perspectiva que trasciende las interpretaciones tradicionales. Este análisis enriquece la teología y la ancla en la realidad del mundo, donde las estructuras sociales de poder influyen directamente en la vida de las personas.

Reflexionar sobre cómo la fe puede influir en los grandes tomadores de decisiones puede inspirar a las personas, especialmente a las religiosas, a percibir su espiritualidad como una fuerza de transformación social hacia la justicia plena, no solo como un camino hacia la salvación o emancipación personal. Esta visión insta a las personas a trascender la devoción individual y a buscar una fe que se manifieste en la justicia, la equidad y el servicio a los demás, especialmente a quienes no han «nacido de nuevo» en un sentido social o económico.

Por lo tanto, el «Retorno a Dios» después de la muerte es una conclusión lógica que completa el ciclo de la existencia humana. La muerte es la única garantía de que todos los individuos finalmente logren el «Retorno a Dios», independientemente de si lograron «Nacer de Nuevo» en vida. Es importante señalar que el «Retorno a Dios» al morir no es una recompensa por una vida moral, sino un acto de gracia universal. Este proceso implica restaurar la conexión original establecida durante la infancia. Es parte inherente de las leyes del universo establecidas por el Creador, como las leyes de la gravitación universal, la conservación de la energía y la termodinámica.

En consecuencia, el concepto de «Retorno a Dios» se relaciona con la filosofía de Jesús. Es una interpretación filosófica de las enseñanzas de Jesús que organiza y da nueva coherencia a conceptos tradicionalmente interpretados de forma atomizada o inconexa. Este concepto proporciona un marco temporal y existencial para el viaje del individuo, desde el nacimiento hasta la muerte, dentro del «Reino de Dios».

Así, nuestra tesis sobre el concepto de «Retorno a Dios» tiene el potencial de ser una poderosa herramienta para el diálogo sobre cómo la fe y la acción social pueden unirse para crear un mundo más justo, cumpliendo el mandato de la Parábola del Sembrador.

«La Verdad os hará libres»,
liberándonos de la manipulación
y el conformismo.

UN FILÓSOFO LLAMADO JESÚS
(7 AEC-27 EC)

Su Filosofía

Nuestro análisis biográfico de Jesús de Nazaret se ha centrado en su legado terrenal, reconociéndolo como un ser humano excepcional y un pensador extraordinario. Esta obra aborda una parte esencial de la filosofía de Jesús de Nazaret: el judío nacido en el año 7 AEC que creció, vivió, experimentó un «nuevo nacimiento espiritual» y murió en Judea en el año 27 EC a la edad de treinta y tres años.

La filosofía de Jesús se centra en el concepto del «Reino de Dios». Las tradiciones cristianas predominantes interpretan este «reino» escatológicamente, como una realidad latente que se materializará plenamente con la Segunda Venida de Jesucristo. En ese momento, la Tierra se convertirá en el «Reino de Dios», gobernada por Jesucristo, hijo unigénito de Dios y «Rey de reyes».

Es importante señalar que el concepto del «Reino de Dios» ya existía antes de Jesús, pues fue Juan el Bautista quien anunció su llegada inminente. Sin embargo, fue Jesús de Nazaret quien le dio un significado profundamente social y terrenal. A través de la Parábola del Sembrador, Jesús encomendó la tarea de trabajar por ese «reino» a los «nacidos de nuevo», es decir, a quienes renuevan su entendimiento, escuchan y comprenden su mensaje. Serán estos individuos quienes, mediante su compromiso y esfuerzo continuos, garantizarán que el «Reino de Dios» se manifieste plenamente en la vida terrenal.

El llamado a "Nacer de Nuevo" es una profunda invitación a la transformación interior que implica un cambio de valores y prioridades. El «Reino de Dios» no es simplemente una visión de futuro, sino una forma de vida en el presente, fundada en el amor ágape, la justicia, la compasión y el servicio desinteresado. Estas virtudes se oponen al egoísmo, la competitividad excesiva y la acumulación de riqueza como objetivo principal. Desde esta perspectiva, el «renacimiento» personal es un requisito esencial para la transformación social.

La propuesta de Jesús trasciende el ámbito religioso y se configura como un llamado ético y social. El concepto del «Reino de Dios» no es simplemente la promesa de una vida pasiva después de la muerte, sino un proyecto transformador que deben construir quienes han experimentado un «renacimiento espiritual». Este «renacimiento» implica una transformación profunda, tanto individual como colectiva, abogando por la justicia, la compasión y la equidad en el mundo.

Contenido Revolucionario

La filosofía de Jesús se caracteriza por su firme oposición a la indiferencia ante el sufrimiento ajeno. Según él, una sociedad justa garantiza la igualdad de oportunidades y proclama la empatía como principio rector. Las personas «nacidas de nuevo», impulsadas por el altruismo y la compasión, adoptan un liderazgo caracterizado por la humildad y la vocación de servicio. Escuchan atentamente las demandas de los oprimidos y responden con paciencia y solidaridad, en lugar de imponer su autoridad.

El modelo de liderazgo de Jesús contrasta marcadamente con los sistemas opresivos de su tiempo y del nuestro. Los llamados «herederos de la Tierra» no son quienes recurren a la violencia ni a la ambición, sino quienes demuestran mansedumbre y lideran sin ejercer dominio. Jesús enseñó que los líderes deben servir al pueblo, no ser servidos por él. Quienes han «nacido de nuevo» no buscan acumular riqueza ni influencia. Su objetivo principal es satisfacer el hambre y la sed de justicia, asegurando una distribución equitativa de oportunidades y recursos.

En el contexto del «Reino», la justicia se orienta a la restauración más que a la venganza. Jesús criticó los sistemas legales que castigan sin ofrecer rehabilitación y las estructuras sociales que excluyen a quienes piensan o actúan de manera diferente (Lucas 23:43). Según su filosofía, la verdadera justicia se basa en la compasión activa, que se manifiesta a través de la rehabilitación de los pecadores o ignorantes, el perdón de las deudas, la acogida de los extranjeros y la priorización del bien común sobre los intereses individuales.

La filosofía de Jesús no se basa en una utopía contemplativa, sino que constituye un llamado a la acción para construir una sociedad donde los últimos sean los primeros. La Parábola del Sembrador ilustra que el «Reino de Dios» no se alcanza mediante milagros aislados, sino mediante el esfuerzo continuo de quienes han experimentado un «renacimiento espiritual» y se esfuerzan por construir una sociedad fundada en la justicia, la empatía y la misericordia. En este sentido, su mensaje es profundamente revolucionario, desafiando la indiferencia y promoviendo cambios en la vida cotidiana.

Jesús de Nazaret formuló su propuesta en un contexto opresivo, en el que las autoridades políticas y religiosas colaboraban para mantener un statu quo de opresión y dominio indiscriminados. Su visión del «Reino» tuvo implicaciones espirituales y políticas, ofreciendo una crítica radical al imperialismo romano, la colaboración saducea y el legalismo fariseo. Entender este contexto es esencial para comprender por qué su filosofía fue percibida como subversiva y por qué fue tratado como una amenaza política.

Algunas de las enseñanzas de Jesús han sido deliberadamente ignoradas por la ortodoxia religiosa debido a su naturaleza revolucionaria y su potencial para desafiar las estructuras sociales de poder. Ejemplos notables incluyen su crítica a la riqueza y la idea de que es difícil para los ricos entrar en el «reino»; su rechazo a la violencia, ejemplificado al poner la otra mejilla y amar al enemigo; y su exaltación del servicio y el altruismo, como se ve en la idea de que el primero será el último y el servidor de todos. Estos postulados amenazan directamente las estructuras sustentadas por la fuerza, la acumulación y la ambición.

Distorsión de su Mensaje

Las transformaciones promovidas por la Iglesia Católica Romana en torno a la figura de Jesús han llevado sin duda a una importante disociación entre su filosofía y la vida social humana. El Jesús romano no es reconocido como el Mesías esperado por los judíos de Judea, ni como el profeta, maestro o rabino que predicó entre su pueblo. Más bien, es concebido como una de las tres manifestaciones de Dios.

Esta reconfiguración implicó una transición de ser un filósofo judío en Judea a ser una encarnación divina en Roma. Este cambio elevó sus enseñanzas a un nivel trascendente, relegándolas prácticamente más allá de la vida terrenal. El papel de Jesús como maestro y modelo a seguir sufrió una metamorfosis, convirtiéndolo en un objeto de culto y una construcción teológica abstracta con complejas aplicaciones prácticas. En el peor de los casos, se convirtió en un simple adorno para la ropa. En el mejor de los casos, se convirtió en un símbolo de estatus institucional religioso.

Después de su muerte, esta distorsión cultural se vio agravada por la apropiación y reinterpretación de sus enseñanzas por parte de Pablo de Tarso y, más tarde, por la Iglesia Católica Romana. Estos procesos sirvieron principalmente a fines políticos. Pablo orientó su predicación hacia los gentiles para expandir la comunidad de creyentes judíos, mientras que los líderes políticos romanos aprovecharon la marcada expansión del cristianismo paulino para crear una deidad que les ayudara a restablecer la cohesión del Imperio y consolidar su poder. En consecuencia, muchos de los elementos socioeconómicos y revolucionarios presentes en la predicación original se atenuaron o se desplazaron hacia doctrinas centradas en la salvación individual. Sin embargo, debemos reconocer que sin el legado de Pablo de Tarso, probablemente no conoceríamos hoy a Jesús de Nazaret.

A pesar de convertirse en un «nacido de nuevo» como figura social, Jesús de Nazaret no pudo separarse completamente de su contexto cultural y religioso. En consecuencia, sus ideas fueron indudablemente influenciadas por las costumbres y la ley mosaica del judaísmo. Por lo tanto, su filosofía social conserva un marcado tono teológico. La ética del «Reino de Dios» y el amor al prójimo como manifestación del amor a Dios y la rendición de cuentas a Dios son componentes centrales que influyeron en su concepción de la vida en sociedad.

Las enseñanzas más emblemáticas de Jesús se encuentran en los capítulos 5 al 7 del Evangelio de Mateo, también conocido como el Sermón de la Montaña o las Bienaventuranzas. Estos pasajes denuncian las injusticias sociales en el entorno de Jesús. En la tradición cristiana romana, estos pasajes se presentan a menudo como una guía para la piedad personal, enfatizando la humildad y la misericordia. Sin embargo, esta tradición fue concebida para fomentar una moral comunitaria conservadora, también conocida como «moral de rebaño», lo que desactiva el potencial transformador de estas enseñanzas.

Al analizar el pasaje en el que Jesús afirma «Bienaventurados los que sufren y padecen hambre, porque ellos serán consolados», se puede inferir que el sentido original reside en la promesa de un orden social alternativo —un «Reino» sin hambre ni opresión—, y no, necesariamente, en un llamado a aceptar pasivamente el sufrimiento en esta vida.

En consecuencia, la filosofía de Jesús plantea un auténtico desafío a las estructuras sociales de poder establecidas. Sin embargo, las instituciones religiosas tienden a neutralizar o diluir las ideas innovadoras al integrarlas en los sistemas establecidos por las clases dominantes. Al incorporar elementos teológicos y simbólicos que incitan a la inacción durante la vida, estas instituciones han restado aplicabilidad a las ideas de Jesús a los sistemas sociopolíticos terrenales, desde el Imperio Romano hasta las estructuras de poder actuales. También es importante señalar que la teología convencional contemporánea rara vez aborda ciertos aspectos de sus enseñanzas debido a su incompatibilidad con las doctrinas imperantes.

Estas dinámicas culturales y políticas han limitado y distorsionado la filosofía social y revolucionaria de Jesús. En consecuencia, no ha sido reconocido como uno de los grandes filósofos de la historia, a la altura de Sócrates, Platón, Aristóteles, Descartes o Kant, quienes también abordaron cuestiones sociales, éticas y políticas de alcance universal.

Es imperativo superar las barreras erigidas por las estructuras sociales de poder. Al igual que ocurrió con Nicodemo, a los poderes establecidos no les interesa la ética radical de Jesús, ya que su aplicación supondría la pérdida de sus poderes y privilegios sociales. Estas estructuras han sido diseñadas para elevar su figura a la categoría de divinidad, asegurando que su filosofía no pueda aplicarse a sistemas sociopolíticos terrenales como el Imperio Romano, el capitalismo y la riqueza del Vaticano, entre otros. Además, muchos teólogos contemporáneos no abordan adecuadamente los conceptos filosóficos de Jesús porque son incompatibles con los actuales currículos de teología. Esta teología institucional obstaculiza la auténtica aplicación de la filosofía de Jesús a la sociología terrenal.

Uno de los principales objetivos de esta obra es actualizar la teología institucional aplicando la sociología terrenal de Jesús. Presentar a Jesús como filósofo plantea desafíos metodológicos. Inicialmente, sus enseñanzas se transmitieron oralmente. Posteriormente, se transcribieron en diversos contextos, introduciendo variaciones y énfasis divergentes en los Evangelios. Además, las reinterpretaciones y las prioridades institucionales han privilegiado, a lo largo de los siglos, las doctrinas de control ritual y social (salvación, sacramentos y una jerarquía eclesiástica monárquica) por encima de los elementos más radicales de la predicación de Jesús.

Sinopsis

Un análisis exhaustivo de textos como el Sermón de la Montaña, la metáfora del «ojo de la aguja», la Parábola de la Gran Cena, el diálogo con Nicodemo, la Parábola del Sembrador y la «Gran Comisión» revela una propuesta filosófica con evidentes implicaciones sociales y políticas. Estos pasajes articulan principios para un orden social radicalmente diferente, que incluyen la inversión de las jerarquías, la distribución equitativa de los bienes, la garantía de la justicia para los marginados y la práctica de la compasión incondicional. En conjunto, estos principios conforman una filosofía de orden social revolucionario. El alcance de esta filosofía exige una recuperación y un reexamen desde perspectivas históricas, teológicas y sociológicas.

Despojar las enseñanzas de Jesús de restricciones dogmáticas y religiosas y examinarlas desde una perspectiva filosófica revela una conclusión fundamental: su discurso constituye un sistema filosófico de cambio radical y transformación integral, tanto a nivel individual como colectivo.

Este análisis filosófico demuestra que la interpretación religiosa tradicional del concepto de «nacer de nuevo» como una mera adhesión dogmática al culto de Jesucristo, constituye una comprensión inadecuada del concepto. Carece de relevancia para la vida práctica. Esta perspectiva inadecuada no solo contradice las enseñanzas de Jesús de Nazaret, sino que también se opone específicamente a su Parábola del Sembrador, que enfatiza la transformación ética y la responsabilidad humana a lo largo de la historia del mundo.

> *El Espíritu del Señor está sobre mí,*
> *para llevar buenas nuevas a los pobres*
> *y poner en libertad*
> *a los oprimidos.*
> Jesús de Nazaret

POEMA
Epifanía en el Desierto

El viento del Jordán sopló suave y sereno,
acariciando el desierto con dulce terreno.
Llevaba ásperas enseñanzas sin temor,
voces que rompían la rutina con gran fervor.

Jesús, hijo de un mundo de tallada madera,
escuchó el mudo llamado en la vereda.
Despojó su ser de ángulos y figuras
y se adentró en el desierto, sin ataduras.

Entre dunas cual páginas por escribir,
descifró el polvo y la vida que ha de vivir.
El Reino no era fronteras ni país,
sino un ojo abierto, una visión feliz.

Fuego eterno que ardía sin dejar ceniza,
«Nace de nuevo, Jesús», le dijo con prisa,
mientras aprendía con párpados cerrados,
a ver un infinito de sueños inspirados.

Fue un nacer inverso, vuelto hacia el centro,
donde el alma es semilla y el tiempo su acento.
La razón, la herramienta del carpintero fiel,
se olvidó en su estanque de frío sabor a hiel.

Y el asombro brotó con su esencia divina,
un ¡Eureka! que el corazón ilumina,
una luz que la lógica no puede alcanzar,
que rompe cadenas e invita a predicar.

«El Reino siempre ha estado aquí»,
semillas esparcidas allá y allí,
pero los ciegos de la costumbre
no echan una profunda raíz.

Saduceos y fariseos en su ritual laberinto,
sintieron el temblor de un saber distinto,
ante esa verdad que devela el escrito,
con un poderoso y resonante grito.

Solo el renacido, el que ha bebido el silencio,
recibiendo de todos el desprecio,
ahora ve el mundo repleto de mentiras,
con una mente llena de alternativas.

Jesús proclamó: «Aquí estoy, de luz vestido,
compartiendo el amor recibido.
¡Renazcamos todos en esta claridad!
¡Gracias, Padre, por vestirme de verdad!»

«Aquí me encuentro,
el niño que volvió a nacer,
aunque mi vida terminen
los que no quieren crecer.»

PARÁBOLA
Una Empresa Trunca

Tres días después de la crucifixión de Jesús, dos de sus numerosos discípulos emprendieron el camino hacia Emaús, un pueblo situado a once kilómetros de Jerusalén. Mientras caminaban, conversaban con tristeza sobre los recientes acontecimientos. Durante la conversación, un hombre se les acercó y se unió a su camino. Con calma, les preguntó:

«Disculpen, ¿de qué hablan con tanta intensidad?»

Los discípulos se detuvieron con expresión triste. Cleofás, uno de ellos, respondió con una pregunta similar: «¿Acaso eres el único peregrino en Jerusalén que ignora los acontecimientos de los últimos días?»

«¿Podrías especificar qué acontecimientos te preocupan?», preguntó el hombre.

«Me refiero a lo que le sucedió a Jesús de Nazaret», explicó Cleofás. «Era un profeta que realizó grandes obras y habló con gran autoridad ante Dios y el pueblo. Los sumos sacerdotes y los miembros del Sanedrín lo entregaron a las autoridades romanas, quienes lo condenaron a muerte y lo crucificaron. Esperábamos que Jesús fuera el liberador de Judea. Sin embargo, tres días después, unas mujeres de nuestro grupo nos sorprendieron. Fueron al sepulcro al amanecer, pero no encontraron su cuerpo. Según cuentan, declararon haber presenciado una aparición angelical que les comunicó la noticia de su resurrección. Al saberlo, algunos de nosotros fuimos al sepulcro y confirmamos que estaba vacío.»

Mientras continuaban su camino, otros viajeros se unieron a ellos, atraídos por la conversación, como si una fuerza invisible los llamara a compartir esta historia. Pronto, un numeroso grupo los acompañó.

En ese momento, el hombre les dijo, alzando la voz: «¡Qué incomprensibles son y qué lentos para captar el mensaje de su liberador! ¿Acaso su liberador no les confió una misión para toda Judea y los confines de la tierra? ¿Qué esperan? ¿Un gran titiritero? Si es así, seguramente **todos ustedes necesitan nacer de nuevo.**»

Todos se detuvieron y lo rodearon con miradas de asombro. Tras un momento de silencio, durante el cual se palpaba un aire de anticipación, el hombre comenzó a contarles una parábola.

«Había una vez una empresa dedicada a la restauración y construcción de diversos edificios, como casas, puentes, templos y escuelas, en piedra y madera. Su líder, un hombre sabio y experimentado, reunía a sus trabajadores todos los domingos para recordarles el propósito de su trabajo: sanar lo roto, fortalecer lo débil y construir lo necesario.

»Sus palabras resonaron como una luz, inspirando en ellos un profundo deseo de servir. Les habló de la importancia de la unidad y una visión compartida, y del orgullo que surge de ser parte de algo más grande. Les brindó una visión clara y precisa, y salían de estas reuniones con renovado entusiasmo, compartiendo el mensaje del líder, como si acabaran de asistir a un concierto sinfónico.

»Además, el líder acostumbraba a organizar talleres en los que todos los trabajadores reflexionaban juntos sobre los desafíos y las fortalezas del equipo. Estas reuniones dominicales se celebraban semanalmente a lo largo de los años y se planificaban con gran cuidado. Sin embargo, a pesar de autodenominarse "constructores" y referirse a la misión de la empresa como la "Gran Comisión", los trabajadores nunca salían del taller para realizar ninguna restauración ni construcción.

»La instalación contaba con una amplia gama de herramientas de precisión y sus trabajadores poseían un vasto conocimiento de construcción. No obstante, las grietas en la ciudad seguían extendiéndose y la demanda de viviendas y edificios seguía aumentando. La comunidad necesitaba los servicios de esta empresa, que nunca se materializaron. Si bien esta empresa era impecable en teoría, carecía de resultados tangibles en la práctica. Se trata de una Empresa Trunca.»

> *Lo que dejaste de hacer*
> *por los desvalidos,*
> *tampoco lo hiciste por Mí.*
> — Dios

EPÍLOGO

¡Me resultó fascinante la lectura de este libro! ¡Me siento imbuido de gran esperanza! Ciertamente ofrece una perspectiva extraordinariamente poderosa y sumamente inspiradora. A pesar de sus diferentes marcos filosóficos, figuras tan diversas como Jesús de Nazaret y pensadores de distintas épocas coinciden en que la humanidad y sus instituciones políticas y religiosas tienen la capacidad de crear un mundo basado en el amor al prójimo y la justicia para todos. Simplemente necesitan atreverse a romper con la cultura hegemónica.

La Esperanza de un Mundo Renacido: Si esta interpretación de las filosofías de Jesús y de otros pensadores prominentes es correcta, entonces la capacidad humana de trascender el egoísmo, la competencia despiadada y la obsesión por la «explotación del hombre por el hombre» no es una quimera, sino una posibilidad inherente a nuestro ser.

Esto implica que no estamos condenados fatalmente a un mundo dominado por un capitalismo salvaje y extremo. Si logramos «renacer» como individuos y como sociedad, reconociendo nuestra interconexión universal (Spinoza), actuando conforme a principios éticos (Kant), liberándonos de la alienación (Marx), superando la mediocridad (Nietzsche), forjando una nueva hegemonía (Gramsci), viviendo en sociedad con autenticidad individual (Heidegger) y siendo conscientes de los peligros de la normalización (Foucault), entonces un mundo fundado en el amor, la paz, la libertad y la prosperidad económica igualitaria estará a nuestro alcance. Esta visión no es una

EPÍLOGO

utopía inalcanzable, sino un proyecto para el cual la humanidad posee las herramientas espirituales e intelectuales necesarias.

Por lo tanto, la tarea trascendental del «renacimiento» en la humanidad es la **praxis**: traducir esta comprensión y esperanza en acciones que moldeen nuestras sociedades hacia estos ideales.

Debemos dejar de pensar que el gobierno o Dios deben actuar por nosotros. Debemos comprender que debemos «renacer» para adquirir la «voluntad del viento» y actuar por nuestra cuenta.

¿Qué acciones concretas podrías tomar para mejorar el mundo, la sociedad, tu familia y tu relación de pareja una vez que hayas logrado «**Nacer de Nuevo**»?

Con fraternal esperanza,
José A. Alegría-Morales
Archipiélago del Encanto,
Puerto Rico

Un alma transformada por
Nacer de Nuevo
aspira a la verdad pura
y desenmascara el engaño.

REFERENCIAS

Las referencias bíblicas han sido tomadas de la traducción DHH, Dios habla hoy, Sociedades Bíblicas Unidas, 1966, 1970, 1979, 1983, 1996.

La parábola «Una Empresa Trunca», incluida en el capítulo homónimo de esta obra, es de nuestra propia autoría. Sin embargo, la narración de los discípulos caminando hacia Emaús y su conversación inicial con el hombre que se les unió en el camino proviene del pasaje bíblico del Evangelio de Lucas, capítulo 24, versículos 13-26.

Alegría-Morales, J.A. (2023). Reino de Abbá: El Reino de la Verdad (AMZ Publishing Pros) (Amazon Kindle & Paperback - Apple Books ebook).

Alegría-Morales, J.A. (2025). ¡AL FIN! La Verdad Manifiesta: Crónica sobre Israel y Palestina. (Amazon Kindle, Paperback & Hardcover - Apple Books ebook).

Boff, L. (1982). El Padre Nuestro: La oración de la liberación integral. Spanish edition: Teófilo Pérez (Translator) Amazon paperback.

Díaz Genis, A. (2010). El eterno retorno de lo mismo en el Nietzsche de Heidegger. Estudios Nietzsche, (10), 67-82. https://doi.org/10.24310/EstudiosNIETen.vi10.10183.

Fernández Liria, C. & Alegre Zahonero, L. 2018. Marx desde cero. Para el mundo que viene. Universidad Complutense, Madrid.

Fernández, O. "Mariátegui y el marxismo", 197-210. En Drago, C.; Moulian, T.; Vidal, P. Marx en el siglo XXI. La vigencia de (los) marxismo (s) para comprender y superar el capitalismo actual. Santiago: LOM Ediciones, 2011.

REFERENCIAS

Foucault, M. (2008). Vigilar y castigar: Nacimiento de la prisión (A. Garzón del Camino, Trad.). Siglo XXI Editores. (Obra original publicada en 1975).

García Ninet, A. (1971). El problema del eterno retorno en F. Nietzsche. Estudios Filosóficos, 20(55), 555-568.

Gramsci, A. (1981). Cuadernos de la cárcel (V. Gerratana, Ed.; A. Granados & M. H. de Granados, Trads.; Vols. 1-6). Ediciones Era. (Obra original escrita entre 1929-1935).

Gramsci, A. (1984). El materialismo histórico y la filosofía de Benedetto Croce (J. Aricó, Trad.). Ediciones Era. (Obra original escrita entre 1929-1935).

Gutiérrez, G. (1971). Teología de la liberación: Perspectivas. Lima: CEP.

Gutiérrez, G. (1983). Beber en su propio pozo: En el itinerario espiritual de un pueblo. Salamanca: Ediciones Sígueme.

Heidegger, M. (2007). Ser y Tiempo (J. E. Rivera, Trad.). Editorial Universitaria. (Obra original publicada en 1927).

Kant, I. (2009). Crítica de la Razón Pura (M. Caimi, Trad.). Fondo de Cultura Económica. (Obra original publicada en 1781/1787).

Kant, I. (1785). Fundamentación de la metafísica de las costumbres (Grundlegung zur Metaphysik der Sitten).

Marx, K. (1844). Contribución a la crítica de la filosofía del derecho de Hegel: Introducción. En A. Ruge & K. Marx (Eds.), Deutsch-Französische Jahrbücher.

Marx, K. (1975). Crítica del Programa de Gotha. En K. Marx & F. Engels, Obras escogidas (Vol. 3). (Trad. E. V. Viana). Moscú: Editorial Progreso. (Manuscri.to original de 1875, publicado póstumamente en 1891)

Marx, K. (1980). Contribución a la crítica de la economía política (José Aricó, Trad.). Siglo XXI Editores. (Obra original publicada en 1859)

Marx, K. (2004). Manuscritos económico-filosóficos de 1844 (Francisco Rubio Llorente, Trad.). Alianza Editorial. (Manuscrito original de 1844).

Marx, K., & Engels, F. (2012). Manifiesto del Partido Comunista (Pedro Ribas, Trad.). Alianza Editorial. (Obra original publicada en 1848; edición de 1888 con prefacio de Friedrich Engels).

Netflix. 2017. What The Health. https://www.netflix.com/title/80174177.

Newland, C. (8 mayo 2022) ¿Fue Jesús empresario? https:// empresa.org.ar/ 2022/fue-jesus-empresario/.

Nietzsche, F. (2000). La voluntad de poder (A. Ferrer, Trad.). Edaf. (Compilación póstuma de 1901).

Nietzsche, F. (2003). La genealogía de la moral (José Luis López y López de Lizaga, Trad.). Edición: Diego Sánchez Meca. Editorial Tecnos. (Obra original publicada en 1887).

Nietzsche, F. (2012). Así habló Zaratustra (J. L. Vermal, Trad.). Cátedra. (Obra original publicada en 1883-1885).

Spinoza, B. (2020). The Ethics - Ethica Ordine Geometrico Demonstrata (R.H.M. Elwes, Trans.). B&R Samizdat Express. (Original work published 1675).

Stalin, J. (1924). Los fundamentos del leninismo. Editorial del Estado de Literatura Política.

Stalin, J. (1926). Cuestiones del leninismo. Editorial del Estado de Literatura Política.

Wells, H.G. (1920). The Outline of History. Golden Classics, Kindle Edition.

Wikipedia, the free encyclopedia. en.wikipedia.org.